経済・政治・社会の**平成**から**令和**への過去・現在・未来を語る

平成から令和へ

どうなる経済・政治・社会

関西外国語大学教授／神戸大学名誉教授
滝川 好夫

税務経理協会

はしがき

●1989年は昭和から平成へ、2019年は平成から令和へ

現在の「元号」制度は、1人の天皇に、1つの元号である。西暦1989年は天皇裕仁（ひろひと）の昭和64年であり、天皇明仁（あきひと）の平成元年である。西暦2019年は天皇明仁（あきひと）の平成31年であり、天皇徳仁（なるひと）の令和元年である。元号を「昭和（しょうわ）」から「平成（へいせい）」へ改める政令は、昭和64年1月7日に公布され、平成元年1月8日に施行された。昭和64年の1年間は1月1日から1月7日までの7日間であり、平成元年の1年間は1月8日から12月31日までの358日間である。元号を「平成（へいせい）」から「令和（れいわ）」へ改める政令は、平成31年4月1日に公布され、令和元年5月1日に施行された。平成31年の1年間は1月1日から4月30日までの120日間であり、令和元年の1年間は5月1日から12月31日までの245日間である。

●新しい元号は「令和」（Beautiful Harmony：美しい調和）

2019年5月1日から「令和」の時代が始まった。平成31年4月1日、平成の次の元号

「令和（れいわ）」が決定され、安倍晋三首相は、首相談話として「春の訪れを告げ、見事に咲き誇る梅の花のように一人ひとりが明日への希望とともに、それぞれの花を大きく咲かせることができる、そうした日本でありたいとの願いを込め、決定した」と述べ、「令和」には「人々が美しく心を寄せあうなかで文化が生まれ育つという意味が込められている」と説明した。政府は「令和」をＢｅａｕｔｉｆｕｌ Ｈａｒｍｏｎｙ（美しい調和）と英訳している。

● 本書の企図

「一世一代」制度は天皇の在位と元号を一致させるものであり、改元と経済・政治・社会の変化が一致するものではないが、「1つの元号」は「1つの時代」の特徴をもっている。「平成」は平成元年1月8日から31年4月30日までの30年4カ月の時代であり、天皇明仁は生前退位され、生前退位が定着すると、1世代30年であるから、「1元号30年」になるかもしれない。とすると、「令和」の時代はおおまかに西暦２０１９年～49年であり、それは人口知能（ＡＩ）が人間の知能を上回ると言われている「シンギュラリティ２０４５年」を含んでいる。

回顧すれば、平成時代の日本は「時間が止まった状態」であり、日本経済は停滞したままであった。私は昭和28年（１９５３年）生まれであり、新元号「令和」は65歳で迎えることになった。65歳は3回目の「二十（はたち）」プラス5歳であり、実質経済成長率はおおまかに

1回目の二十のときは10%、2回目の二十のときは5%、3回目の二十のときは2.5%、そしてプラス5歳のときは1・25%であり、二十の回数を重ねるごとに実質経済成長率が半減している。日本経済史のうえで、「どの時代に生まれ、育った人がもっとも幸運であったのか」と尋ねられると、私は「昭和30年前後に生まれた人」、つまり高度経済成長時代に第1回目の二十（はたち）を過ごした人と思う。逆に、最も不運である人は令和時代の生産年齢世代であると思う。人口が3割近く減少するというかつて経験したことのない、かつ高齢者・後期高齢者が急増しピークを迎える「令和時代」は悲惨なことになると思う。

本書を書いているときに、以下の2つの考え方をめぐって、あれこれと考えたが、結局、どちらも真実であると思う。すなわち、第1に、「平成」が「昭和」の延長線上にあったように、「令和」は「平成」の延長線上にあるであろう。平成時代が昭和時代の延長線上に成り立っていたとすれば、令和時代は平成時代の延長線上に成り立つであろう。第2に、元号は日本人の心理に深く根を下ろしているので、平成から令和への改元は時代をリセットし、新しい日本に踏み出すきっかけになるかもしれない。第1の見方からは、「平成」はどんな時代であり、「令和」はどんな時代になるのか。第2の見方からは、「令和」が「平成」と異質の時代になるとすれば、「令和」はどんな時代になるのか。

第1編「日本の経済・政治・社会 ― 平成時代から令和時代へ」では、日本国内における、経済・政治・社会の、平成時代から令和時代への過去・現在・未来を語る。第2編「海外の経済・政治・社会―平成時代から令和時代へ」では、日本・諸外国の関係における、経済・政治・社会の、平成時代から令和時代への過去・現在・未来を語る。本書が、令和時代の日本の経済・政治・社会の再生に役立つことを期待している。

●本書のメッセージ：日本国の復活には「知と徳」

一経済学者の眼からは、平成時代の日本の経済・政治・社会は惨憺たる状態であり、スイスのビジネススクールＩＭＤの国別の世界競争力ランキング、つまり経済・政治・社会の総合ランキングで、日本は、平成の始まりは総合第1位、終わりは総合第25位である。

平成は不作為の時代であった。令和時代の日本の経済・政治・社会の最重要課題は「20％以上の人口減少」と「高齢者・後期高齢者の増大」であろう。平成時代にこれら課題に対策を打っておくべきであったのが、不作為で、課題はすべて令和時代に先送りになり、令和時代は平成時代からの困難な宿題を抱えてのはじまりである。

私は「日本国」の平成時代の負け癖は「日本人」の変容が原因であり、第1に、昭和の高度経済成長期を体験している人は、その成功体験が災いをして、「日本国の危機」に対して鈍感になり、不作為になってしまった、第2に、昭和の高度経済成長期を体験している人は、貧困から富裕へ展開しつつあるときは倹約の慣習から富を蓄積し、富裕から貧困へ展開しつつあるときは浪費の慣習から富を取り崩し、「日本国の危機」に対する不作為を超えて、「浪費癖」になってしまった、第3に、昭和の高度経済成長期を体験していない人は、平成時代の生活に対して満足感を逆に高めているのであり、日本人の「志し」は低くなり、不作為になってしまった、ことが日本の経済・政治・社会の凋落の原因であるように思う。私は、「日本国」を復活させるには、「日本人」の再生、つまり日本人の、第1に「日本国の危機」に対する敏感と作為、第2に浪費癖（無駄使い）の是正、第3に「日本国の危機」を乗り越えようとする志しと作為が必須であると思う。

日本の強みは「技術」「経済」「教育」であり、日本の弱みは「外交と語学」「政治」「軍事」であるので、令和時代の日本は、第1に、強みである「技術」「教育」を伸ばすことによって、経済・政治・社会を強くすべきである。すなわち、「日本は無資源国である」と言われて久しく、森嶋通夫は日本経済モデルを『無資源国の経済学－新しい経済学入門－』（1984年）ととらえている。「無資源国の経済学」の資源は天然資源であるが、令和時代の資源は「知（知恵）」である。昭和・平成時代の資本主義はモノ・カネの資本主義であったが、令和時代の資本主義は「知」、それを体化したヒトの資本主義である。「（潜在）知」は日本には豊富であり、「知」で競い合う時代は、日本にとっては絶対優位・比較優位である。第2に、弱みである「外交と語学」を克服することによって、経済・政治・社会を強くすべきである。すなわち、「知」だけで生産活動ができるわけではない。「知」以外の資源、天然資源などは外国から調達しなければならず、それは外交の問題である。何を武器にして外交を行えばよいのであろうか。悪の元凶は個人間・国家間の信頼の欠如であり、信頼を回復・維持・向上させるためには「徳」が最善である。私は日本人の「徳」を高め、徳で外交を行えばよいと思う。世界の大国は米国と中国であり、日本・米国は同盟国、日本・中国は非同盟国という理解が一般であろうが、経済と政治は分離できないものであり、令和時代の日本人は「徳」でもって米国・中国と経済外交・安全保障外交を行えばよい。

● 謝　辞

税務経理協会編集部の峯村英治氏には本書の企図を理解していただき、出版事情が厳しい中、刊行の機会を得られたことを、ここに記して感謝の意を表したい。

令和元年（２０１９年）11月25日

関西外国語大学英語キャリア学部教授・放送大学客員教授・神戸大学名誉教授

滝　川　好　夫

目　次

第2章 日本のミクロ経済

第3章 日本の政治

目　次

第1編

日本の経済・政治・社会
―平成時代から令和時代へ

第1章　日本のマクロ経済

●日本の国力の評価：「強みvs.弱み」

日本経済新聞の郵送世論調査（２０１９年１月）によれば、平成から令和へ変わりつつある時代の、日本の強みは第1位技術（75％）、第2位経済（37％）、第3位教育（29％）であり、日本の弱みは第1位外交と語学（59％）、第2位政治（53％）、第3位軍事（46％）である。ただし、経済の「強いvs.弱い」は世代間格差があり、40歳代以上は日本経済は強いと見ているが、30歳代以下は日本経済は弱いと見ている。平成時代に求められた技術・教育と令和時代に求められる技術・教育は異なっているように思えるので、平成から令和へ変わりつつある時代に「強み」と思われた技術・教育は令和時代には通用しなくなるであろう。

●平成の日本経済

平成時代の日本は「時間が止まった状態」であり、日本経済は停滞したままであった。平成時代に生まれ、育った人（30歳代以下）には「日本が経済大国・経済強国である」という実感はないであろう。

私は昭和28年（1953年）生まれであり、新元号「令和」は65歳で迎えることになった。65歳は3回目の「二十（はたち）」プラス5歳であり、実質経済成長率はおおまかに1回目の二十のときは10％、2回目の二十のときは5％、3回目の二十のときは2・5％、そしてプラス5歳のときは1・25％であり、二十の回数を重ねるごとに実質経済成長率が半減している。平成から令和へ変わりつつある時点は平成24年（2012年）12月からの戦後最長の景気拡張期にあるとは言え、実質経済成長率はかつての景気後退期の値である。

1　平成はバブル、令和はスーパー・バブル

●経済は危機と封じ込めの繰り返し

経済は危機と封じ込めの繰り返しであり、バブルとその封じ込めはスーパー・バブルを、スーパー・バブルとその封じ込めはスーパー・スーパー・バブルを招く。「危機」は危機を封じ込めるための金融緩和政策を生み、金融緩和政策は過剰債務を生み、過剰債務の不履行は次なる「スーパー危機」を生むのである。

●なぜバブルは生じるのか：昭和から平成へのバブル経済

資産価格上昇（「上げ相場」）には、金融の緩和による「金融相場」と実物の良好による「業績相場」の2つのタイプがある。金融恐慌からの回復時には、金融の緩和と実物の良好の2つがともに同時に必要であるが、通常の経済では、金融相場だけで資産価格が上がることもあれば、業績相場だけで資産価格が上がることもある。

昭和60年（１９８５年）９月の「プラザ合意」以降の円高・ドル安を止めるための、円売り・ドル買い介入によるマネタリーベース増はマネーストック増（「金あまり」）を生み、それは資産価格を上昇させた。また、米国の「双子の赤字」の1つである経常収支赤字を削減するための、日本への内需拡大要求は公共投資拡大による実物の良好を生み、それは資産価格を上昇させた。つまり、金融緩和政策と財政拡大政策によって、金融の緩和と実物の良好が同時に生まれ、「金融相場」・「業績相場」の同時生起による資産価格バブルが生じた。

平成元年（89年）の大納会12月29日に日経平均株価は3万８９１５円の最高値をつけ、翌年から下がり始めた。また、三大都市圏の商業地の地価は平成４年（92年）から下落し始めた。つまり、平成の始まりは株式・不動産資産バブルの絶頂であった。

●日本は平成の始まりは「勝ち組」、終わりは「負け組」

平成元年（１９８９年）が東西冷戦終結と日経平均株価史上最高値（バブル経済絶頂期）が重なった年であることから、米国を中心に「冷戦の勝利者は米国ではなく日本だった」と言われるようになった。

平成は経常収支黒字・資本収支赤字（金融収支黒字）の時代であった。経常収支黒字による日本への流入ドル（ジャパンマネー）は、外国での金融資産購入、商業用不動産購入（例えば、平成元年（89年）の三菱地所によるニューヨークの商業ビル・ロックフェラーセンター買収）、ゴルフ場購入、大型企業買収（例えば、平成元年（89年）のソニーによる大手映画配給会社のコロンビア・ピクチャーズ買収）に向かった。

●平成はバブルの絶頂・崩壊

昭和から平成へ変わりつつある時代に、バブルは絶頂を迎え、崩壊した。平成元年（１９８９年）12月29日に日経平均株価は３万８９１５円の最高値を付け、これが平成時代の株価のピークである。バブルが崩壊し、翌平成２年（90年）10月、日経平均株価は一時２万円割れになり、バブル絶頂期から1年も経たないうちに、株価は半値近くになった。

日経平均株価の終値は、昭和の終わり（昭和64年1月６日）は３万２０９円、平成の終わり

（平成31年４月26日）は２万２２５８円であり、７９５０円（26％）下落した。東京証券取引所第１部の時価総額は、平成元年末は６０６兆円、平成31年４月末は６１７兆円であった。

●住宅金融専門会社（「住専」）問題が政争の具

平成７年（１９９５年）１月、住宅金融専門会社（「住専」）問題、つまり住専の不良債権とその処理をめぐる問題が表面化した。住専は、都市銀行、信託銀行、地方銀行、生命保険会社、農林中央金庫などの出資によって設立された住宅ローン専門のノンバンク（預金を集めることはできないが、貸出を行う金融機関）である。銀行（バンク）は預金などを資金調達源としているので、より低利で資金調達し、より低利で住宅ローンを行うが、住専は銀行借入・住宅抵当証券発行などを資金調達源としているので、より高利で資金調達し、より高利で住宅ローンを行う。

バブル経済の末期には、銀行などの不動産融資は規制され、銀行などは規制にひっかからないように、系列の住専を通じて、いわば迂回の形で、不動産融資を継続した。不動産融資はハイリスク・ハイリターン型の融資であり、不動産バブルが崩壊すると、住専の不動産融資は不良債権化し、住専は銀行などにとってはオフバランスであったが、やがて銀行など本体の資産を劣化させることになった。住専救済のため、出資金融機関が応分に負担する救済スキームが作られたが、農林中央金庫は負担を渋ったため、それを公的資金で穴埋めしようとしたところ、住専救済問題が「政争の具」と化し、住専への公的資金投入をめぐる与野党の衝突は、その後の日本の金融機関健全化のための公的資金投入を躊躇させてしまい、バブル崩壊からの回復を遅らせてしまった。

● 平成は金融恐慌前夜

平成９年（１９９７年）、10年（98年）は日本経済が金融恐慌に陥る崖っぷちであった。平成９年（97年）11月、北海道拓殖銀行、山一証券、三洋証券が経営破綻した。平成10年（98年）10月、「金融国会」の最中、長期信用銀行３行のうちの１つ、日本長期信用銀行が経営破綻し、一時国有化された。日本長期信用銀行は、吉田茂・池田勇人と連なる自民党宏池会との関係が深く、同年７月に誕生した小渕恵三内閣の大蔵大臣・宮澤喜一は宏池会領袖であり、小渕恵三首相は住友信託銀行による日本長期信用銀行救済合併を進めようとした。しかし、救済合併は破談となり、日本長期信用銀行救済は与野党間の政争の具と化した。結局、日本長期信用銀行は政府により特別公的管理銀行として一時国有化された（平成12年（２０００年）６月に「新生銀行」と改称し、経営再建を果たしている）。平成10年（98年）12月、長期信用銀行３行のうちの１つ、日本債券信用銀行が経営破綻し、一時国有化された（平成13年（01年）９

月に「あおぞら銀行」と改称し、経営再建を果たしている）。

●もし小渕恵三が急逝していなければ

平成12年（２０００年）４月２日、小渕恵三首相は脳梗塞で倒れ、４月５日、昏睡状態の中、小渕内閣の総辞職が行われ、５月14日死去した。小渕政権は、野党の提案を丸のみしたうえで、バブルが崩壊してからの歴代政権の中で、唯一、財政拡大政策と金融緩和政策を同時に発動した政権である。平成時代、「もし」ということがあれば、「もし橋本龍太郎が首相でなければ」「もし小渕恵三が急逝していなければ」、平成の日本経済はこれほどまでには停滞しなかったであろう。

小渕恵三内閣総辞職のあと、「五人組による密室談合政治」で選ばれた森喜朗・自由民主党総裁・内閣総理大臣は不人気で、「信なくば立たず」で、平成時代の日本経済にとっては災厄であった。

平成15年（03年）11月、足利銀行（栃木県）が経営破綻し、一時国有化された。足利銀行は平成10年（98年）前後の金融不況を乗り越えたものの、金融再生プログラムにおいて繰延税金資産の資産計上監査を厳密化した結果、債務超過であることが判明し、平成15年（03年）11月、特別危機管理銀行として一時国有化され、経営破綻した。

●令和はスーパーバブルの絶頂・崩壊

平成のほぼ終わり（平成30年：２０１８年）の日本の銀行の国内貸出残高は５０４兆円であり、平成９年（１９９７年）以来の高水準である。平成時代はバブル崩壊の後始末、令和時代はバブル崩壊後遺症からの立ち直りとバブル・バブル崩壊の忘却、そして次なるスーパーバブルの絶頂・崩壊であろう。

２　平成は金融緩和、令和は金融正常化

●平成はリーマン・ショック

平成20年（２００８年）９月、米大手投資銀行のリーマン・ブラザーズの経営破綻を受け、金融危機が世界を襲った。リーマン・ショックは21世紀の「百年に１度の金融危機」と言われている。

●日本銀行総裁は白川方明から黒田東彦へ

平成20年（２００８年）９月にリーマン・ショックが起こり、さらなる金融緩和が求められたが、平成20年（08年）４月～平成25年（13年）３月の日本銀行総裁は白川方明であった。日本銀行出身の総裁は慎重派で、さらに白川方明は学者肌であったため、より一層の慎重派で、

白川方明の金融緩和政策は中途半端であった。

平成24年（12年）12月、安倍晋三政権が誕生すると、アベノミクス第1の矢「大胆な金融緩和」の担い手としての白川方明は不適格とされ、安倍晋三は日本銀行次期総裁として黒田東彦を選んだ。黒田東彦は財務省ナンバー２「財務官」の経験者であり、財務官は「通貨マフィア」と呼ばれ、ヤクザ（マフィア）並の大胆な金融緩和政策を実行するものと期待された。

●黒田東彦・日本銀行総裁の異次元金融緩和政策

平成25年（２０１３年）３月、黒田東彦は日本銀行総裁に就任し、「消費者物価上昇率２％を、２年間で、お金（マネタリーベース）を2倍にして達成する」ために、異次元（量的質的）金融緩和政策を開始した。マネタリーベース（日本銀行の供給するお金）の3月末残高は、黒田総裁就任前の２０１２年１２０兆円、13年１４６兆円が、就任後、14年２２０兆円、15年２９６兆円、16年３７６兆円、17年４４７兆円、18年４８７兆円になった。

マネタリーベースは、１４６兆円が２９６兆円へと2年間でほぼ2･0倍になり、１４６兆円が４８７兆円へと5年間で3･3倍になった。マネタリーベースの年間増加額は、黒田総裁就任前の２０１２～13年26・３兆円、就任後の13～14年73・８兆円、14～15年76兆円、15～16年79・８兆円、16～17年71・６兆円、17～18年39・７兆円である。

日本銀行がマネタリーベースを増やすためには、国債・株式などを購入しなければならず、財政赤字の結果として1年間に新たに発行される国債は30兆円程度であるので、日本銀行がマネタリーベースを増やすのに国債を40兆円、60兆円、80兆円購入し続けることは不可能であり、それゆえ、日本銀行は、平成28年（16年）1月に「マイナス金利政策」を導入し、平成28年（16年）９月に「短期金利はマイナス金利、長期金利はゼロ金利」といった長短金利操作を採用したのである。

●黒田東彦の異次元金融緩和政策はなぜ「脱デフレ」を達成できないのか

黒田東彦の「長短金利操作付き量的質的金融緩和政策」は「マネタリーベースの増大↓マネーストックの増大↓金利の低下↓投資需要の増大↓『需要＞供給』による物価上昇（『脱デフレ』）」（金利経路）および「マネタリーベースの増大↓マネーストックの増大↓資産価格上昇↓消費需要・投資需要の増大↓『需要＞供給』による物価上昇（『脱デフレ』）」（量経路）を期待しているが、第1にマネタリーベースが増大してもマネーストックはあまり増大していない、つまり異次元の量的金融緩和になっていないので、「脱デフレ」を達成できない。第２に名目金利を引き下げても、実質金利（＝名目金利－予想インフレ率）は予想インフレ率の下落によってむしろ上昇し、「実質金利＞自然利子率」である、つまり超低金利になっていないので、「脱デフレ」を達成できない。

黒田東彦の長短金利操作付き量的質的金融緩和政策は「異次元」と言われ、たしかに日本銀行は異次元の、度を過ぎた金融緩和政策を行っているが、それは「マネーストックはあまり増大していない」「実質金利＞自然利子率」の２つのことから、機能していないのである。

金融緩和政策は「お金を貸す」元気を与えるものであるが、財政拡大政策によって「お金を借りる」元気を生まなければ、つまり「お金を貸す」元気と「お金を借りる」元気の両方を同時に生まなければ、「脱デフレ」を達成できない。

さらに、日米欧の需給ギャップはプラス（需要＞供給）であるにもかかわらず、日米欧は「経済のグローバル化」「経済のＩＴ（情報技術）化」「デフレ心理」「賃上げ圧力の鈍化」などの理由で、物価が上昇しにくくなっているので、日本は「脱デフレ」を達成できていない。

●異次元金融緩和政策の副作用：「ゾンビ企業」と「銀行経営弱体化」

異次元金融緩和政策の第１の副作用は「ゾンビ企業」（数年にわたって債務の利払いすらままならず、経営が破綻状態にあるのに、銀行・政府などの支援によって存続し続けている企業）を生み、実体経済の質を悪化させていることである。長期の超金融緩和はゾンビ企業にすら低利で貸し出す競争を過熱させ、経済の新陳代謝を遅らせ、効率の悪い資金の循環を温存させている。国際決済銀行（ＢＩＳ）の報告書「ゾンビ企業の台頭」（２０１８年９月）によれば、「ゾンビ企業」（３年以上にわたってインタレスト・カバレッジ・レシオ（利払い負担に対する利益の比率）が１未満の企業）のシェアが１％上がると、健全な企業の設備投資を17％、雇用の伸び率を８％下げ、経済全体の生産性の伸びを０・３ポイント押し下げるとされる。フィジカル（モノ）からデジタル（情報）への産業構造の変化により、企業はお金を使わなくなっている。長期にわたって超金融緩和を行っても、それは「ゾンビ企業」を残存させるだけで、産業の活性化に寄与しているわけではない。

異次元金融緩和政策の第２の副作用は超低金利政策による銀行経営弱体化であり、銀行は、経営が不安定化すると、健全な企業への貸出すら行うことができなくなり、実体経済を疲弊させる。

●令和は金融正常化

黒田東彦・日本銀行総裁は令和５年（２０２３年）３月に現任期満了である。黒田東彦の異次元金融緩和政策は非常時の対応であるべきで、いずれ経済が正常化すると、金融も正常化が求められる。金融の正常化は「長短金利操作付き量的質的金融緩和政策」の逆回転、つまり大量の国債・株式などの売却である。日本人、日本のマーケット（金融市場、為替市場など）は過剰反応するクセがあるので、金融の正常化（「金融の出口」）はマーケットを大混乱させる懸念がある。

3　平成の消費税は３、５、８%、令和の消費税は10%から16%へ

●消費税は平成の経済・政治・社会のダイナミズム

平成は消費税が導入された時代である。平成時代の経済・政治・社会のダイナミズムは消費税を巡るものであり、消費税導入・引き上げは内閣総理大臣にとっては災厄であった。消費税は国民に負担を強いるものであり、平成時代に消費税３%導入した竹下登、３%から５%に引き上げた橋本龍太郎は消費税導入・引き上げに対する不評もあって内閣総理大臣を辞任した。唯一、安倍晋三のみが消費税率を５%から８%へ引き上げたのちに内閣総理大臣を続けることができ、令和時代にさらに８%から10%へ引き上げることのできた内閣総理大臣である。

●平成元年に消費税3%導入

平成元年（１９８９年）４月１日午前０時に消費税３%が導入された。大平正芳、中曽根康弘両政権による新税（一般消費税、売上税）導入失敗のあと、昭和62年（87年）11月に就任し、昭和最後そして平成最初の首相になった竹下登によって、「国民から広く薄く徴収する大型間

接税」として「消費税」が導入された。

● 平成9年に消費税は3%から5%へ

消費税率の３％から５％への引き上げは村山富一内閣で内定していた。平成９年（１９９７年）４月１日、良いタイミングとは思えないところで、財政構造改革を標榜している橋本龍太郎政権によって消費税率は３％から５％（４％への引き上げと「地方消費税」１％の新導入）へ引き上げられた。消費税の引き上げ、社会保障費負担増、アジア通貨危機、大規模金融機関破綻により、急速に、需給ギャップはプラスからマイナスへ、つまり経済は好況から不況になった。

バブルの崩壊により、日本経済は好況（プラスの需給ギャップ）から不況（マイナスの需給ギャップ）へ転落し、宮澤喜一、細川護熙、羽田孜、村山富一各内閣で拡張的財政政策がとられてきたが、不況（需要＜供給）の中で、橋本内閣は財政再建を理由として消費税率を３％から５％へ引き上げた。橋本龍太郎は「私は平成９年から10年にかけて緊縮財政をやり、国民に迷惑をかけた。私の友人も自殺した。本当に国民に申し訳なかった。これを深くお詫びしたい。」「財政再建のタイミングを早まって経済低迷をもたらした。」と自責の念を示しているが、まさにその通りであった。

高齢社会への突入の中で、社会保障関連費は景気に左右されずに増大するので、財源として景気に左右されにくい消費税の引き上げはありうる政策ではあるが、不況の中の消費税引き上げはあまりにもタイミングを誤り、それは平成不況を深刻化させてしまった。

消費税率引き上げの翌年、平成10年（98年）7月、参議院選挙が行われ、自民党は改選議席を60から44へ大きく減らし、橋本龍太郎首相は惨敗の責任をとって退陣し、のちの「自民党・自由党・公明党（自自公）」「自民党・公明党・保守党（自公保）」連立政権につながっていく。同月、橋本龍太郎と同派閥の、小渕恵三（外務大臣）が自民党総裁選に出馬・当選し、内閣総理大臣になった。

政治は結果であり、私の橋本政権に対する評価はきわめて低い。しかし、にもかかわらず、橋本龍太郎は平成13年（２００１年）自由民主党総裁選挙に出馬し、小泉純一郎に敗れた。再起を期しての出馬であろうが、政治家の不反省ぶりには唖然とする。

●消費税は5%から8%へ、8%から10%へ：民主党・自民党・公明党の3党合意

野田佳彦・民主党政権は、衆議院総選挙で公約として消費税増税を掲げていなかったにもかかわらず、「消費税増税に命をかける」と発言し、平成24年（２０１２年）6月15日、民主党、自由民主党、公明党の与野党3党間において、「社会保障と税の一体改革に関する合意」がな

され、同年８月、「社会保障の安定財源の確保等を図る税制の抜本的な改革を行うための消費税法等の一部を改正する等の法律案」（「社会保障と税の一体改革」関連８法案）が成立した。消費税率は平成26年（14年）４月に５％から８％へ、平成27年（15年）10月に８％から10％へ引き上げることが決められた。

● 平成26年に消費税は5%から8%へ

平成24年（２０１２年）12月の衆議院総選挙で民主党は惨敗し、第２次安倍晋三内閣が誕生した。安倍政権は、需給ギャップ（ＧＤＰギャップ）がマイナス（超過供給・需要不足）、つまり不況の中のまったく悪いタイミングで、平成26年（14年）４月、消費税率を５％から８％へ引き上げた。14年４月は、12年12月から始まった景気拡張期にあったが、消費税率５％から８％への引き上げは、２年間にわたる景気の踊り場を招いた。

安倍晋三首相は消費税率８％から10％への引き上げを2回延期し、その都度、消費税増税の賛否を問うことを大義として、衆議院解散総選挙を行い、勝利した。

● 令和に消費税は8%から10%へ、さらに16%へ

消費税率８％から10％への引き上げは２０１９年10月に延期されたが、それは平成の時代で

はなく、令和の時代である。

では、消費税率の引き上げは10％で終わるのか。否である。「財政収支」の赤字は「基礎的財政収支」（＝「税収＋税外収入」－「一般歳出」）の赤字と「国債費」（元利支払い）の合計であり、日本の財政収支（括弧内は対ＧＤＰ比率）は平成の始まり（平成元年（１９８９年））は５・３兆円（１・25％）の黒字、平成の終わり（平成30年（18年））は20・６兆円（－３・71％）くらいの赤字、日本の基礎的財政収支は平成の始まり（平成元年（89年））は11・４兆円（２・71％）の黒字、平成の終わり（平成30年（18年））は18・５兆円（－３・33％）くらいの赤字である。

基礎的財政収支（プライマリーバランス）が均衡していれば、財政収支の赤字は国債費（元利支払い）だけであり、「名目金利＝名目ＧＤＰ成長率」であれば、「国債残高／名目ＧＤＰ」はほぼ一定であり、財政破綻にはならない。

政府は令和７年（25年）に国・地方を合わせた基礎的財政収支の黒字化を目指しているが、基礎的財政収支の赤字18・５兆円を均衡させるために消費税を上げるならば、消費税は１％引き上げで2・５兆円の税収増であるので、７・５％くらいのさらなる引き上げ、つまり平成時代の８％から令和時代には16％くらいへ引き上げなくてはならない。

消費税の８％から10％へ、さらに16％へ引き上げは財政再建に必要であるが、令和時代の消費税率引き上げを巡る論議は政局の１つになるであろう。

4　平成は子・孫世代の高負担、令和は現在世代の高負担

●一般会計の歳出：平成の「始まり vs. 終わり」

一般会計の歳出を平成時代の「始まり（１９９０年度予算）vs. 終わり（２０１９年度予算）」で比較すると（括弧内の％は歳出合計に占める割合）、平成の始まりでは、歳出合計66・２兆円、うち社会保障関係費11・６兆円（17・５％）、国債費14・３兆円（21・６％）、平成の終わりでは、歳出合計１０１・５兆円、うち社会保障関係費34・１兆円（33・６％）、国債費23・５兆円（23・２％）である。平成時代の間に歳出合計は35・３兆円増え、その大半は社会保障関係費増加22・５兆円、国債費増加９・２兆円である。

「社会保障関係費＋国債費」が歳出合計に占める割合は平成の始まりは39・１％（25・９兆円）であったが、平成の終わりは56・７％（57・６兆円）である。57・６兆円は税収にほぼ匹敵し、税収のすべてが「社会保障関係費＋国債費」だけに費やされてしまっている状況である。

●令和は財政再建開始の時代：負担は平成は子・孫世代、令和は現在世代

平成時代は「消費税∧社会保障関係４経費」であり、社会保障関係４経費は消費税と赤字国

債発行によって賄われている。赤字国債はいったん発行されれば、60年（10年満期を６回転かけて償還されるので、１世代30年とすると、２世代で償還されるものである。平成時代の社会保障関係の受給者（高齢世代としての親）は、現在世代（高齢世代としての親、現役世代としての子）が負担する消費税と、将来世代（孫）が負担する赤字国債（借金）から受け取っているのである。

「消費税＝社会保障関係４経費」になるように財政再建を行うことが遅れれば遅れるほど、受益・負担の世代間乖離が著しくなる。できるだけ早期に、財政再建を開始し、高齢世代にも消費税という形で負担を求めなければならない。

平成から令和に変わりつつある時代、日本の平成31年・令和元年（２０１９年）度の一般政府債務残高の対国内総生産（ＧＤＰ）比は２３０％であり、先進国で突出している。令和は財政再建開始の時代であり、平成時代に子・孫であった世代（令和時代の親・子）の高負担の時代である。

● 平成は介護保険制度の開始：「介護される人vs.介護する人」

「介護保険」は介護を事由として支給される保険であり、平成９年（１９９７年）12月、「介護保険法」が成立し、平成12年（２０００年）４月、介護保険制度が開始した。「介護される人」と「介護する人」がますます増えている。

●平成は後期高齢者医療制度の開始

平成20年（２００８年）４月、「高齢者の医療の確保に関する法律」を根拠法として、後期高齢者医療制度が発足した。「高齢者の医療の確保に関する法律」は、かつての「老人保険法」を題名改正を含む大幅な改正を行ったものである。「老人保険法」による老人医療制度は、国民健康保険・健康保険等の被保険者資格を有したまま老人医療を適用していたが、「後期高齢者医療制度」は適用年齢（75歳以上）になると、現在加入している国民健康保険・健康保険等から後期高齢者だけの独立した医療制度に移行する制度である。

●令和は「全世代型社会保障」に対応する消費税率引き上げ

平成時代の不況下、一方で社会保険料は賃金の伸び悩みで低迷し、他方で高齢化に伴って社会保障給付費は増大したので、その差額は一般財源（赤字国債の発行）によって補填されている。令和はさらなる高齢化率の上昇からますます社会保障関係費が増大し、また金利上昇から国債費が増大する時代であり、「社会保障関係費＋国債費」増大が財政を困窮化させる時代である。

平均寿命が延びているにもかかわらず、長寿化に見合った制度改正は行われていない。年金は「長生きのリスク」に対する保険であり、長寿化が進めば、年金保険料の引き上げか、給付の削減を行わないと、年金制度を維持できない。年金受給期間が15年程度になるように、つまり70歳くらいに年金支給開始年齢を引き上げるべきである。

「全世代型社会保障」は「誰もが受益者である」制度であるが、それは同時に「誰もが負担者である」制度でなければ持続可能性はない。「誰もが負担者である」税は消費税であり、消費税は社会保障関係４経費を賄う目的税である。

財政制度等審議会の平成時代最後の建議書（平成30年（２０１８年）11月）は「常に受益拡大と負担軽減・先送りを求めるフリーライダー（ただ乗り）のゆがんだ圧力に税財政運営が抗いきれなかった平成の過ちを二度と繰り返してはならない」と論じている。

平成時代の世代が積み上げた債務のツケを、令和時代の世代が負担させられるのであり、令和時代は平成時代に赤字国債により高齢世代としての親が受給していたものを、平成時代の子・孫（令和時代の親・子）が高率に引き上げられた消費税で高負担させられるであろう。

民意は低負担、高受給を歓迎するが、それに迎合し、フリーライダー（ただ乗り）を許すことは、第１に政治に責任感が欠如している、第２に社会保障・税制度は持続可能ではない。高齢社会では世代間の受益・負担の格差拡大を防ぐことが基本である。

5　平成はハード・インフラの輸出、令和はソフト・インフラの輸出

●平成は日本の対米貿易収支黒字削減への歩み：「日米構造協議」

平成時代は日本の対米貿易収支黒字の削減への歩みから始まった。平成元年（１９８９年）から翌２年（90年）までの間に、日米の貿易収支不均衡の是正を目的とした「日米構造協議」が５回開催された。「日米構造協議」は平成元年（89年）７月の日米首脳会談でＧ・Ｈ・Ｗ・ブッシュ（父ブッシュ）が宇野宗佑首相に提案した２国間協議である。

平成３年（91年）４月、牛肉・オレンジの輸入自由化を行った。「日米牛肉・オレンジ自由化問題」は、昭和46年（71年）の日米貿易経済合同委員会で、米国から自由化要求が提示されたことが始まりである。昭和から平成に変わりつつある時代（昭和63年（88年）６月）の交渉で合意に達し、牛肉・オレンジを平成３年（91年）４月（果汁については92年）以降自由化することになった。

●世界の貿易収支ランキング：日本は平成の始まりは第1位、終わりは第16位

日本の貿易収支は、平成の始まりは（平成元年（89年））６４２・２億ドル、終わりは

（平成29年（２０１７年））２６２・１億ドルであり、その間の最高は平成６年（94年）１２２０・４億ドル、最低は平成26年（14年）－１２２０・１億ドルである。

日本の輸出は、平成の始まりは（平成元年（89年））２７３９・３億ドル、終わりは（平成29年（17年））６９８１・３億ドルであり、その間の最高は平成23年（11年）８２３１・８億ドル、最低は平成元年（89年）２７３９・３億ドルである。

日本の輸入は、平成の始まりは（平成元年（89年））２０９７・２億ドル、終わりは（平成29年（17年））６７１９・２億ドルであり、その間の最高は平成24年（12年）８８５８・４億ドル、最低は（平成元年（89年））２０９７・２億ドルである。

世界の貿易収支ランキングでは、日本は平成の始まりは（平成元年（89年））第１位（韓国29位、中国１５３位、米国１６２位）、終わりは（平成29年（17年））第16位（中国第１位、ドイツ第２位、ロシア第３位、韓国第４位、米国１９５位）である。

●貿易収支vs.経常収支

Ｄ・Ｊ・トランプ米国大統領は「貿易収支の黒字は勝ち、貿易収支の赤字は負け」という考え方から、米国の貿易収支赤字、中国・日本の対米貿易収支黒字を問題視しているが、国と国との経済取引は経常収支で見るべきであり、「経常収支＝貿易収支＋サービス収支＋第一次所得収支＋第2次所得収支」である。貿易収支は目に見えるモノの取引、サービス収支は目に見えないサービスの取引、第1次所得収支は金利・配当の受け払い（直接投資収益と証券投資収益）、第2次所得収支は援助（旧経常移転収支）である。

ＩＭＦ統計によれば、日本の経常収支（括弧内は対ＧＤＰ比率）は、平成の始まりは（平成元年（89年））６３１・４億ドル（２・07％）、終わりは（平成29年（２０１７年））１９６１・3億ドル（４・03％）であり、その間の最高は平成22年（10年）２２０９・9億ドル（３・88％）、最低は平成26年（14年）３６７・9億ドル（０・76％）である。

昭和時代には「経常収支の対ＧＤＰ比率が3％を超えると、貿易摩擦が生じる」と言われ、貿易収支の大きさがそのまま経常収支の大きさである時代はそういうことが言えたが、製造業の国外移転により、「貿易収支黒字減少、第1次所得収支黒字増大、経常収支不変」といったことが生じると、「経常収支の対ＧＤＰ比率」は貿易摩擦の指標ではもはやありえない。

● 令和に日本は経常収支不均衡、米国は貿易収支不均衡

日米貿易摩擦は主として自動車を巡る問題であり、米国が日本に対して「自動車を輸出するな」と言ったので、日本は米国に対して「では、米国で自動車を製造する」ということになったのであり、これは日本の貿易収支黒字減少、第１次所得収支黒字増大、経常収支不変という

ことになる。トヨタが自動車を日本で製造して、米国民へ売れば、貿易収支の黒字要因（輸出）であるが、トヨタが自動車を米国で製造して、米国民へ売れば、第1次所得収支の黒字要因（配当の受け取り）である。「日本で雇用して自動車を製造 vs. 米国で雇用して自動車を製造」という大きな違いはあるが、トヨタの利益にとっては、また経常収支にとっては、同じである。

トランプ米国大統領は、「経常収支」の視点からは同じである「日本で雇用して自動車を製造して米国へ輸出（日本の貿易収支黒字）vs. 米国で雇用して自動車を製造して米国で販売（日本の第1次所得収支黒字）」を、雇用の視点からは、「日本で雇用して自動車を製造して米国へ輸出（日本の貿易収支黒字）」を悪、「米国で雇用して自動車を製造して米国で販売（日本の第1次所得収支黒字）」を良とみなして、ことさらに「貿易収支の不均衡」を問題視しているが、日本は、令和元年（2019年）6月の「G20大阪サミット」（20カ国・地域首脳会議）で、金融の視点から、金融恐慌の原因の1つである各国間の「経常収支」不均衡の問題を取り上げた。

●平成はハード・インフラ輸出、令和はソフト・インフラ輸出

日本はもはや輸出大国ではない。しかし、輸出国であり続けるための生き残り策として、平

成時代は原子力発電、火力発電、鉄道を輸出しようとした。しかし、中国などとの競争に負けてしまった。日本製のハードの質は高くても、中国製品との価格競争（安売り競争）と国・企業の一体攻勢で劣勢になった。

令和時代は、第１に日本と輸入国の結び付きが強くなる分野、第２に中国と競合しない分野で輸出すればよい。令和時代は金融、医療、教育のソフトの輸出をはかればよい。

６　平成の製造業は国外移転、令和の製造業は国内回帰

● 平成・令和はグローバル競争の時代

「米国 vs. ソ連」の冷戦は、「資本主義 vs. 共産主義・社会主義」の間の戦いであった。米国は西側経済圏の中心であり、ソビエト連邦は東側経済圏の中心であり、両経済圏の間には交流はなかった。平成元年（１９８９年）は「米国 vs. ソ連」の冷戦終結の年であり、以後、西側経済圏（米国、日本など）と東側経済圏（ソ連、中国など）の間の経済交流が始まり、平成はグローバル競争の時代になった。

西側経済圏と東側経済圏が経済交流を始めると、国と国の間の壁はきわめて低くなり、製造企業間の競争は国内市場だけではなくなり、国内市場・国際市場に広がった。つまり、世界は大きな１つの市場と化し、これが「経済のグローバル化」と呼ばれるものである。平成・令和

はグローバル競争の時代であり、製造企業がグローバル競争を勝ち抜くには、技術革新、安価で良質な労働力の確保、ブランド力の強化、政策による後押しなどが求められる。

平成の日本の製造業：1990年代、2000年代、2010年代

平成時代の1990年代は「経済のグローバル化」が進行した時代である。日本（西側経済圏）と中国（東側経済圏）が経済交流を始めると、日本は高賃金、中国は低賃金で、この賃金格差は日本の製品は高い（国際競争力は低い）、中国の製品は安い（国際競争力は高い）をもたらし、日本の製造業は衰退し始めた。製造企業の一部は経営破綻し、一部は中国などに生産拠点を移した。

平成時代の2000年代は国内外の単位コスト（賃金／生産性）競争に打ち勝つために、生産性向上を加速させた時代である。日本の製造企業の一部が中国などに生産拠点を移したことにより、「日本の賃金・生産性水準 vs. 外国（中国など）の賃金・生産性水準」を比較することができるようになり、日本の製造業は、国内外の単位コスト競争に打ち勝つために、生産性向上を加速させた。他方、05年ごろから中国は「ルイスの転換点（農業部門から工業部門への労働力の移行がなくなり、労働力の不足状態になり、賃金が上昇する段階）」を迎え、中国の賃金は上昇し始めた。

平成時代の２０１０年代はグローバルコスト競争の危機を脱しつつある時代である。「日本の賃金・生産性水準vs.外国（中国など）の賃金・生産性水準」を比較したとき、一方で中国の賃金が高騰し、他方で日本の製造企業の生産性向上が加速したために、日本の単位コストが中国の単位コストを下回るようになり、日本の製造業の空洞化・消滅論は聞かれなくなった。中国などにある生産拠点の日本回帰は一部のことではあるが、日本の製造企業の中でグローバルコスト競争に勝利するものが現れ始めた。

●平成の製造業は国外移転、令和の製造業は国内回帰

平成から令和へ変わりつつある時代の中で、第1に、中国は、平成13年（２００１年）のＷＴＯ（世界貿易機関）加盟以降、「生産大国」「世界の工場」と言われているが、所得水準の上昇で「消費拠点」としての重要性が増大している。中国を含めてアジア全体が、生産拠点から消費拠点へ変貌しつつある。第2に、平成時代の日本の製造業は大きな消費地に生産拠点を構えた。国外で販売するには国外に生産拠点・販売拠点を構築する必要があった。しかし、ネット通販や越境ＥＣ（電子商取引）の普及で、消費地に生産拠点・販売拠点を構えなくても販売できるようになった。第3に、ＩｏＴなどの生産技術の導入により、生産性が高まると、単位コスト（＝国内名目賃金／生産性）が下がり、国際競争力を維持できるようになった。第４に、

訪日客は帰国後も日本の商品を求める傾向が強い。「日本の商品」と言っても、国外の日本企業によって生産された商品よりは、日本国内の日本企業によって生産された商品がより好まれる。

平成は日本の製造業が苦闘した時代であり、国外移転したが、令和は日本の製造業が国内回帰する時代である。

7　平成は賃金引き上げによる脱デフレ、令和は需要増大による脱デフレ

●「物価は原因、名目賃金は結果」vs.「名目賃金は原因、物価は結果」

賃金（名目賃金、貨幣賃金）の決定は労使（労働者と企業経営者）の間で行われるのが本来の姿である。経済学の原理の1つに、

名目賃金＝物価×生産性

があり、「物価が上昇すれば名目賃金は引き上げられる」「生産性が上昇すれば名目賃金は引き上げられる」。しかし、平成時代はデフレーションであり、物価は早めに大幅に下落し続け、名目賃金は遅れて小幅に下落し続けた。経済学の原理は「物価が上昇すれば名目賃金は引き上げられる」という物価を原因、名目賃金を結果とみなすものであるが、脱デフレをめぐる国内

外の議論の中で、「物価が上昇しないのは、名目賃金が引き上げられないからである」という名目賃金を原因、物価を結果とみなすことが一般化している。

ＧＤＰギャップ（需給ギャップ）がマイナス（需要＜供給）であるのは日米欧同じであったが、日本のみが一般物価水準の継続的下落、つまりデフレーションに陥っていた。そして、その理由として、欧米では名目賃金・実質賃金が上昇し、日本では名目賃金・実質賃金が下落していたことが指摘され、「物価は原因、名目賃金は結果」ではなく、「名目賃金は原因、物価は結果」であるとみなされるようになった。

●デフレ脱却：良い物価上昇vs.悪い物価上昇

平成はデフレーションの時代であり、いまや「政労使」（政府、労働者、企業経営者）の共通認識は「デフレ脱却には名目賃金の引き上げが必要である」というものである。

需給ギャップをマイナス（需要＜供給）からプラス（需要＞供給）にして、購入意欲の高まりから物価が上昇するのは「良い物価上昇」であるが、需給ギャップがマイナス（需要＜供給）であり、購入したいと思わない中での、名目賃金コスト上昇からの物価上昇は「悪い物価上昇」である。

●令和は「需要∨供給」による脱デフレ

デフレ脱却の王道は需給ギャップをプラス（需要∨供給）にすることであり、需給ギャップがマイナス（需要∧供給）状況下の名目賃金引き上げによる物価上昇には無理がある。需給ギャップがマイナスであれば、正規雇用者の賃金だけが引き上げられても、生産・雇用状況は良くないので、非正規雇用者・失業者の所得は改善されず、消費増につながらない。そんな中で、脱デフレによって物価が上昇し始めると、非正規雇用者・失業者にとっては、踏んだり蹴ったり（不況下の物価上昇）である。

平成時代の賃金引き上げによる脱デフレは王道ではなく、令和時代は需要増大（既存商品に対する需要増大、新商品に対する需要増大）による需給ギャップのプラス化によって脱デフレをめざすべきである。

●平成はデフレ、令和は脱デフレ（インフレ）

平成時代のデフレ・メカニズムは「商品需要の減少→物価下落→賃金下落→商品需要の減少→物価下落」である。第1に因果関係は「物価下落→賃金下落」であって、「賃金下落→物価下落」ではない、第2に物価の下落率は賃金の下落率より大きい。

令和時代の脱デフレ（インフレ）・メカニズムは「商品需要の増大→物価上昇→賃金上昇

↓商品需要の増大↓物価上昇」である。第１に因果関係は「物価上昇↓賃金上昇」であって、「賃金上昇↓物価上昇」ではない、第２に物価の上昇率は賃金の上昇率より大きい。

物価の上昇はまずは企業の利潤を増やし、企業利潤の増大が企業間の労働者獲得競争の激化を呼び起こしてはじめて賃金を上昇させる。

８　平成は人手不足、令和は人手余り

● 平成の人口、就業者数、失業率

平成の始まり（平成元年（89年））と終わり（平成30年（２０１８年））では、日本の人口は、１億２３０３万人から１億２６４３万人くらいへ増え、日本の就業者数は、６１２８万人から６６２８万人くらいへ増えた。

日本の失業率は、平成の始まりは（平成元年（89年））２・25％、終わりは（平成30年（２０１８年））２・87％くらいであり、その間の最大は平成14年（02年）５・36％、最小は平成３年（91年）２・09％である。

平成から令和に変わりつつある時代、日本経済は人手不足に直面していると言われているが、人口が減少する中で、就業者数は増大している。人口が減少する中で就業者数が増えているのは、高齢者・女性の労働参加率が上昇しているからである。

●令和の高齢者人口、就業人口

就業者の長期推計（厚生労働省：２０１９年1月）によれば、令和時代の２０４０年に、第1に高齢者人口はピークを迎える、第２に就業者に占める65歳以上の割合は20％近くになる、第３に女性・高齢者の労働参加率が上昇しなければ、就業人口は平成の終わり（17年）に比べて20％減るとされる。

●人手不足：外国人労働者vs.「多能工」

昭和時代の１９５０～60年代は「外国人労働者なしの高度経済成長期」である。高度経済成長期においては、労働力は慢性的に不足していたが、長期雇用による「多能工のチームワーク」を強みとする調整型の国内現場によって「外国人労働者なしの高度経済成長期」を生んだ。「単能工vs.多能工」であり、多能工（マルチスキル）は複数の工程に対応できる技術をもつ工員である。昭和時代は、労働力不足は外国人労働者によってではなく、日本人労働者による「1人何役」によって克服された時代であった。

平成から令和へ変わりつつある時代、政府は人手不足を外国人労働者の導入によって克服しようとしているが、令和時代においては、外国人労働者に頼らなくても、ＡＩやロボットを活用することにより、ふたたび「多能工」によって人手不足を克服できるであろう。

●令和は人手余り：AIは雇用を減らすのか、増やすのか

令和時代の令和27年（２０４５年）には「シンギュラリティ」、つまりＡＩ（人工知能）の知性が人類の知能を超える技術的特異点に達し、人類がＡＩを作っていた時代から、ＡＩがＡＩを作る時代になる。

仕事には「定型の仕事 vs. 非定型の仕事」があり、令和時代におけるＡＩの普及は、第1に非定型の仕事を奪ってしまい、非定型の仕事の従事者は職を失う、第2にＡＩ（アルゴリズム）はもともと誰も行いたいと思わない単調な作業を引き受けるだけである、第3に長い目で見れば、ＡＩサービス（ＡＩを用いた医療、教育サービスなど）といった非定型の仕事は増え、雇用は増える。

令和時代にはＡＩが普及し、そうすると「人手不足」から「人手余り」に変わるかもしれない。ＡＩ時代に職を得るには、コミュニケーション能力を高め、心理学を学ばなければならない。

●令和は「ギグ・エコノミー」

平成から令和へ変わりつつある時代に、日本では「働き方改革」が叫ばれているが、「働き方」は世界中で大きく変貌しつつある。スマートフォンの普及に伴いインターネットを介して

業務の受発注がしやすくなり、単発の業務を請け負う人が増えている。こうした働き方によって生まれる経済は「ギグ・エコノミー」と呼ばれ、令和時代は「ギグ・エコノミー」の時代である。

９　平成は低い潜在成長率、令和は高い潜在成長率

●平成は低い潜在成長率

「潜在成長率」は、資本投入量の寄与、労働投入量の寄与、および技術進歩などを反映する全要素生産性（ＴＦＰ）上昇率に分解される。日本の潜在成長率は、平成の始まり（平成元年（89年））は４・25～４・45％、終わり（平成30年（２０１８年））は０・73～０・76％であり、その間の最高は平成元年（89年）４・25～４・45％、最低は平成21～22年（09～10年）－０・16～－０・20％である。日本の全要素生産性上昇率は、平成の始まり（平成元年（89年））は１・13～１・17％、終わり（平成30年（２０１８年））は０・14～０・15％であり、その間の最高は平成13～14年（01～02年）１・28％、最低は平成30年（２０１８年）０・14～０・15％である。

平成時代、米国はＩＴ（情報技術）革新による生産性の上昇で「ニュー・エコノミーの時代」に入ったと言われている。日本は、平成から令和に変わりつつある中で、第１に全要素生

産性上昇率は低下している、第２に潜在成長率は低下している。

●令和は高い潜在成長率

実際のＧＤＰは経済の需要面、潜在ＧＤＰは経済の供給面をそれぞれ示している。「(実際のＧＤＰ－潜在ＧＤＰ)／潜在ＧＤＰ」(ＧＤＰギャップ) は生産要素の稼働率の指標であり、平成から令和に変わりつつある中で、ＧＤＰギャップはプラスである。

平成から令和に変わりつつある中で、生産要素がほぼフル稼働しているにもかかわらず、経済成長率が低いままであるのは、構造的原因があるからである。令和時代の日本経済の課題は構造改革であり、日本経済の生産性（全要素生産性上昇率）を高めねばならない。

(1)　全要素生産性は第１に技術変化、第２に産業間、企業間、事業所間などの資源配分に依存しているので、技術を進歩させ、産業間、企業間、事業所間などの資源配分を効率化しなければならない。低生産性企業の退出、高生産性企業への資源の移動、対内直接投資や外需の呼び込みを行わなければならない。

(2)　技術変化が生産性（全要素生産性上昇率）を高めるには、関連する社会変革を必要とする。

(3)　モノ作りの生産性は高いが、サービス作りの生産性は低いので、サービス作りの生産性を高めねばならない。

(4) 企業規模間生産性格差が存在し、小規模企業の生産性を高めねばならない。
(5) 新しいモノ・サービスを創出しなければならない。
(6) プロダクト・イノベーションを行わなければならない。

● 平成はデジタル技術、令和はデジタル技術によるモノ・サービス

平成時代の日本経済は情報通信技術革新の潮流に立ち遅れた。大競争を制したＧＡＦＡの躍進は新時代の潮流を象徴するが、デジタル技術はあくまでも道具であり、令和時代においては、デジタル技術でどんなモノ・サービスを創るかが競争の鍵である。

● 平成は「貧者のサイクル」：最低賃金と労働生産性

平成時代は欧米の貨幣賃金率は上昇したが、日本の貨幣賃金率は上昇しなかった。平成時代の不況下、企業は、貨幣賃金率を低水準に止めておくことができたので、生産の効率性を高めようとせず、その結果、貨幣賃金率を上昇させることができないという「貧者のサイクル」に陥っている。

平成から令和へ変わりつつある時代、最低賃金と労働生産性の間には強いプラスの相関関係があることが知られている。日本は「労働生産性が低いので、最低賃金を引き上げることがで

きない」「最低賃金が低いので、勤労意欲が高まらず、生産性が高まらない」という悪循環に陥っている。令和時代には、「労働生産性を高めて、最低賃金を引き上げる」「最低賃金を引き上げて、勤労意欲を高め、生産性を高める」という好循環にしなければならない。

●令和に労働生産性を上げるには：内部効果vs.再配分効果

令和時代に労働生産性を上げるには、各企業の内部で生産性を上昇させるか（「内部効果」）、生産性の低い企業から生産性の高い企業へ資源を移動させるか（「再配分効果」）をしなければならない。

「再配分効果」により労働生産性を上げるには、生産要素市場（とくに労働市場）の流動性と企業の自由な参入・退出が必要である。「内部効果」により労働生産性を上げるには、イノベーションのエンジンである研究開発（Ｒ＆Ｄ）投資の促進が必要である。

第2章　日本のミクロ経済

●世界競争力ランキング

スイスのビジネススクールＩＭＤの国別の世界競争力ランキングで、日本は、平成の始まり（平成元年（１９８９年））は総合第1位、終わり（平成30年（２０１８年））は総合第25位である。平成時代の日本のランキングは第1位から第25位に落ちた。しかし、日本人の生活に対する満足感は逆に高まっている。日本の経済・政治・社会の凋落の原因は「日本人の『志し』の低下」にあるように思う。

1　平成はクローズド・イノベーション、令和はオープン・イノベーション

●平成のクローズド・イノベーションvs.令和のオープン・イノベーション

過去の類似事例、現在の限界的事例、ＳＦに描かれた未来の３つに目を向けると、イノベーションの未来を予測できる。

事業（技術開発、生産方式、販売方式など）における革新（イノベーション）には、「クローズド・イノベーション vs. オープン・イノベーション」がある。平成時代は大企業主体のクローズド・イノベーションであったが、令和時代は大企業・中小企業・零細企業が複雑に結び付くオープン・イノベーションであろう。

平成時代においては、大企業は中央研究所を有していたり、イノベーションの芽を有する中小企業・零細企業を買収できたので、大企業がすべての技術を握り、イノベーションを主導していた。

令和時代においては、デジタル技術の進歩が著しいので、創発的、分散的、自律的なイノベーションが必要であり、令和時代は大企業主導ではなく、新興企業主導のオープン・イノベーションの時代である。オープン・イノベーションでは、全体を統括する人や組織は存在しない。

● 平成は「デジュール標準型 vs. デファクト標準型」

iPhoneを作っているアップルは、自社製品のための半導体チップを設計しているが、半導体製造の技術は持っておらず、製造は外部の企業に委託している。これができるのは、「半導体の設計」と「半導体の製造」の間に「インターフェース」（やりとりのルール・標準）が存在するからである。

令和時代は、企業間のやりとりのルール、すなわち「オープン標準」が重要である。「オープン標準」が決まっていれば、企業同士が自在に結び付く「オープンネットワーク」を構成することができ、それに伴ってイノベーションが活発に起こる。

では、「標準（インターフェース、やりとりのルール）」を誰が決めるのか。平成時代は、1つは公的機関が標準を作り、それは「デジュール標準」と呼ばれ、もう1つは業界（大企業）が標準を作り、それは「デファクト標準」と呼ばれている。

●平成は系列ネットワーク、令和はオープンネットワーク

日本・米国の製造業はともにネットワーク型の産業構造であるが、日本の製造業は特定の企業同士が取引を行う「系列ネットワーク」型であり、米国の製造業は「オープンネットワーク」型である。

日本の製造企業は、平成時代は系列ネットワーク型、令和時代はデジタル経済であるのでオープンネットワーク型であろう。

●令和は「コンセンサス標準型」:「Maas（マース）」元年

令和時代は、企業（大企業・中小企業・零細企業）が集まってコンソーシアムを形成し、コンソーシアムが標準を作るであろう、そして、それは「コンセンサス標準（コンソーシアム型あるいはフォーラム型）」と呼ばれている。

令和元年は「Maas（マース）」（モビリティー・アズ・ア・サービス：新しい移動サービス）元年である。平成から令和に変わる時代（2019年4月）、トヨタ自動車とソフトバンクの共同出資会社「モネ・テクノロジーズ」は、次世代の移動サービスを開発するためのコンソーシアムを立ち上げ、Maas世界のプラットフォーマーを育てようとしている。このコンソーシアムには国内88社が参加している。

2　平成は「現場のモノ作り」、令和は「現場のモノ作り」と「本社の企画」

●製品の設計思想（アーキテクチャー）：インテグラル型 vs. モジュラー型

製品の設計思想は「アーキテクチャー」と呼ばれ、アーキテクチャーには「インテグラル（擂り合わせ、調整集約）型 vs. モジュラー（組み合わせ、調整節約）型」がある。製品を作る際に、インテグラル型は部品を微妙に相互調整しなければならない設計であり、モジュラー型は部品を組み合わせる設計である。例示としてテレビを取り上げると、アナログテレビはインテグラル型、デジタルテレビはモジュラー型である。

昭和時代の１９７０～80年代は、インテグラル（摺り合わせ、調整集約）型製品で、製品設計の比較優位を確立した時代である。日本の製造業は、一方で円高・ドル安で国際競争力を低下させたが、他方で生産性・品質の向上により国際競争力を上昇させ、結果として、インテグラル（摺り合わせ、調整集約）型製品で製品設計の比較優位を確立した。

平成時代の１９９０年代はデジタル情報革命が進行した時代であり、アナログからデジタルへ変わりつつある時代である。日本の製造業の設計思想（インテグラル型）は比較劣位になり、米国・中国・韓国の製造業の設計思想（モジュラー型）は比較優位になりつつあった。

平成時代の２０１０年代はデジタル情報革命が加速し、日本企業はデジタル化で大きく出遅れ、米国シリコンバレー主導のプラットフォーム企業（基盤企業：グーグル、アップル、フェイスブック、アマゾン・ドット・コムなど）に大きく離され、日本の製造業の設計思想（インテグラル型）はますます比較劣位になった。

● 平成は「現場のモノ作り」

平成時代の日本企業は「クローズド」で、企画・製造・販売のすべてを自社やグループ内で行っていた。日本企業は事業部単位で利益を出すことを求められ、企業全体の戦略を立てていなかった。平成時代の日本の製造業は「現場のモノ作り」に強みがあり、現場は企業グループから内部調達した部品を微妙に相互調整するインテグラル型を得意としていた。「日本はモノ作りが得意で、米国はサービス作りが得意である」と言われて久しいが、平成時代は日本が得意とするモノ作りに陰りが出て来た時代である。

● 令和は「現場のモノ作り」と「本社の企画」

技術覇権をめぐる米国・中国の対立の中で、米中のデジタル製造企業はハイテクモジュラー国として互いに競い合っている。米国・中国・韓国の製造業は「本社の企画」に強みがあり、本社は、世界中の企業から外部調達した部品を組み合わせるモジュラー型を得意としている。令和時代の日本の製造業の設計思想はインテグラル（摺り合わせ、調整集約）型からモジュラー（組み合わせ、調整節約）型へ変わりつつあり、日本の製造業は「現場のモノ作り」と「本社の企画」を両立させるであろう。

事業戦略上で重要なことは「自社で何を行う」「自社で何を行わない」といった事業範囲の明確化であり、令和時代の日本企業は、第1に「自社で何を行う」について「現場のモノ作り」が頑張り、第2に「自社で何を行わない」について「本社の企画」が頑張り、他の企業との間でオープンネットワークを構築して、Ｗｉｎ－Ｗｉｎの関係を確立しなければならないであろう。

令和時代の、日本の製造企業のアーキテクチャー戦略について、藤本［２０１９］は「平成後、米中技術摩擦時代の日本には勝機ありと筆者はみる。平成の日本製造業は苦闘の末、強い現場を残した。いま必要なのは、強い本社が潮目の変化を察知して、強い現場を活用し、攻守鮮明な戦略を打ち出すことだ。克服すべきは長年たまった『負け癖』である。」と述べ、米中のデジタル製造企業は、日本のインテグラル型の高機能補完財・部品を競って買いにくるであろうと論じている。

3　平成はＭ＆Ａによる規模拡大、令和はデータ活用による事業構造の作り替え

●倒産の原因：平成は過剰負債vs.令和は技術の創造的破壊

日本航空（略称ＪＡＬ）は日本のナショナル・フラッグ・キャリア（一国を代表する航空会社）であったが、平成22年（２０１０年）1月、経営破綻した。平成28年（16年）2月、シャープ（大手電機メーカー）は経営を失敗し、台湾の鴻海（ホンハイ）精密工業（スマートフォン、薄型テレビなどの電子機器を受託生産するＥＭＳ企業の世界最大手）によって買収さ

れた。

平成から令和に変わりつつある中で、企業倒産の波の質は変わりつつある。平成時代は負債を膨らませ過ぎた企業が倒産した。令和時代は「技術の創造的破壊（ディスラプション）」を原因とした企業倒産が起こるであろう。

● 合従連衡：平成は規模拡大、令和は事業構造の作り替え

平成14年（２００２年）９月、川崎製鉄と日本鋼管（ＮＫＫ）は経営統合によりＪＦＥホールディングスを設立した。平成24年（２０１２年）10月、新日本製鐵が住友金属工業を吸収合併して「新日鐵住金」が発足した。

平成から令和へ変わりつつある時代、企業の合従連衡の軸が変わりつつある。平成時代はヒト、モノ、カネを集約し、規模拡大が重要視される時代であったが、令和時代はデータが重要視される時代である。企業の合従連衡の軸は、平成時代はＭ＆Ａ（合併・買収）による規模拡大であったが、令和時代はデジタル経済の伸展によりデータを活用した事業構造の作り替えである。

平成時代は日本の強みは製造業であったが、製造業の「目に見える資産（有形資産）」が富を生み出す時代は終わった。平成時代の日本企業は「目に見えぬ資産（無形資産）」が少

なく、それは日本企業の自己資本利益率（ＲＯＥ）を世界の主要国・地域で最下位にさせている。

自動車産業は百年に一度と言われる変革期にあり、令和時代の、「ＣＡＳＥ」と呼ばれる新技術は情報でつながっている。ＣＡＳＥは、「コネクテッド（Ｃ：つながる）」「オートノマス（Ａ：自動運転）」「シェアリング（Ｓ：共同所有）」「エレクトリシティー（Ｅ：電動化）」の４つの英単語の頭文字を並べた造語であり、いずれも自動車の次世代の姿を表している。各自動車会社は自前主義から脱却し、それぞれの分野で連携できる相手探しに奔走している。

人による自動車の運転の３要素は、「目・耳による認知」「脳での判断」「ハンドルやアクセル制御などの操作」であり、「自動運転」は「認知」「判断」「操作」を自動化した車両のことである。トヨタとソフトバンクグループ（ＳＢＧ）は自動運転など次世代移動サービスの共同開発を行っているが、それは「規模拡大」より「データを活用した事業構造の作り替え」を重要視している。

●令和は「有形資産（見える資産）∧無形資産（見えぬ資産）」

平成から令和に変わりつつある時代、産業の型は資本集約から知識集約へ転換しつつあり、それに伴って、令和時代は「目に見えぬ資産」である無形資産が「目に見える資産」である有形資産を上回るであろう。

無形資産には、「のれん」「ソフトウエア（ＡＩなど）」「研究開発」「知的財産（特許、商標など）」「市場関連資産（ブランド、販売権など）」「顧客関連資産（顧客リスト、顧客基盤など）」などがあり、ビジネスのデジタル化に伴い、世界の上場企業の無形資産は２００７年度から17年度の10年間で倍増し、令和は無形資産の時代であろう。デジタル産業は、無形資産を活用するので、第１に有形資産（工場、店舗など）を用いるときに要する人件費や在庫費用がかからない、第2に形を持たない商品はグローバル展開できるので、利益率が向上しやすい。

● 成長のエンジンはデジタルデータ

平成から令和に変わりつつある平成31年（２０１９年）1月の「ダボス会議」で、安倍晋三首相は「成長のエンジンはもはやガソリンではなくデジタルデータで回っている」と演説し、データの自由な流通が経済成長や貧富の格差の解消につながると訴えた。日米欧の間には、第1に国境があり、第2に異なる言語があり、第3に異なるデータ形式があるので、データ流通には壁がある。ただし、データの「見える化」「インデックス化」が行われ、中国の貴陽ビッグデータ交易所（２０１５年創設）では、２０００社が４０００種類ものデータを相対で売買している。

ＧＡＦＡ（ガーファー）と呼ばれるプラットフォーム企業（基盤企業：グーグル、アップル、フェイスブック、アマゾン・ドット・コムなど）は、利用者データなどの無形資産を世界中から集め、競争力を強化している。インターネットなどで膨大なデータを取得し、解析することは企業の競争力の源泉である。情報技術（ＩＴ）企業は、経済主体を監視してさまざまなデータを収集・分析し、それを「資源」に、かつてない規模で効果的に経済主体の行動を先読みすることで稼いでいる。第1のデータ活用は「マイクロターゲティング」（ターゲティング広告）であり、それはデジタル技術を活用するマーケティングであり、データ量が多いほど、ＡＩの精度（ＡＩを活用した将来予測、生産の効率化）は上がる。第2のデータ活用は「パーソナライゼーション」であり、それは過去の顧客データを生かして商品を製造したり、販売したりするものである。

●令和は「頭脳資本主義」：データの「自由な流通 vs. 規制」

独占禁止法は「目に見えるモノ」のやりとりを基準にしてきた。一方で中国は異形のデータ収集を進め、他方でデータが一握りの巨大ＩＴ企業（ＧＡＦＡなど）に集中し、使えば使うほどその人の生活に溶け込み、次第に「やめる」選択肢が失われていく状態は「ニューモノポリー（新独占）」と呼ばれている。

経済のデジタル化によって、データが競争を左右する時代になり、競争政策が変革を迫られている。プラットフォーム・ビジネスは独占的な地位になりやすく、デジタル経済における競争的イノベーションが継続的に起きるような環境を作らなければならない。令和時代は「知性」のレベルがＧＤＰを左右する「頭脳資本主義」であり、データの「自由な流通 vs. 規制」のバランスをとらなければならない。

平成から令和に変わりつつある時代、政府は「公正競争」「個人情報保護」「デジタル課税」という３つの政策的観点から、巨大ＩＴ企業（プラットフォーマー）に対する規制を検討している。

４　平成はメガバンク再編、令和はフィンテック（金融とＩＴの融合）

●平成は3メガバンク体制の確立

平成は３メガバンク体制が固まった時代である。

平成８年（１９９６年）４月、三菱銀行と東京銀行が合併して、合併時点で資金量世界最大の「東京三菱銀行」が発足し、バブル経済の後遺症にあえぐ日本の金融界の本格的再編成の始まりとして注目された。平成13年（２００１年）４月、東京三菱銀行は、三菱信託銀行、日本信託銀行とともに、共同金融持株会社を設立し、「三菱東京フィナンシャルグループ」として経営統合された。

平成9年（97年）11月、4大証券会社の1つ「山一証券」は富士銀行への再三の支援要請にもかかわらず、自主廃業せざるをえなくなった。市場は山一証券を救えなかった富士銀行・安田信託銀行の弱みを容赦なく突き、これが平成時代のメガバンク再編の起点となった。第一勧業銀行は安田信託銀行救済で富士銀行に協力し、それに日本興業銀行が合流して、平成11年（99年）8月、第一勧業銀行、富士銀行、日本興業銀行の3行は経営統合を発表した。平成12年（2000年）9月、3行は株式移転により「みずほホールディングス」を設立し、平成14年（02年）4月、傘下の銀行が合併し、みずほ銀行（旧）・みずほコーポレート銀行が発足した。平成15年（03年）1月、みずほホールディングスが全額出資して、「みずほフィナンシャルグループ」を設立した。

平成13年（01年）4月、三和銀行、東海銀行、東洋信託銀行は経営統合し、金融持株会社「UFJホールディングス」を設立した。平成14年（02年）1月、三和銀行と東海銀行は合併し、「UFJ銀行」が発足した。平成17年（05年）10月、UFJホールディングスは三菱東京フィナンシャルグループと経営統合され、共同金融持株会社「三菱UFJフィナンシャルグループ」を設立し、平成18年（06年）「三菱東京UFJ銀行」が発足した。

平成13年（01年）４月、住友グループの住友銀行と、三井グループのさくら銀行（三井銀行、太陽神戸銀行）が直接合併して、「三井住友銀行」が発足した。平成14年（02年）12月、共同金融持株会社「三井住友フィナンシャルグループ」を設立した。

●令和は「フィンテック（金融とＩＴの融合）」

銀行は「銀行法」によって定義され、銀行業（預金・貸出あるいは為替）を行っているのが銀行である。私は、神戸大学時代の金融経済論の授業で、「将来、原油がなくなると自動車がなくなり、トヨタがなくなることはあっても、お金の貸し借りはいつまでもあるので、銀行はなくならない」と言っていたが、１つは自動車は原油が枯渇しても他のエネルギー源で動くこと、もう１つは銀行業は銀行によってのみ行われるものではなく、銀行業はなくならないが、異業種の銀行業への参入によって銀行はなくなるかもしれないことを見逃していた。

「金融業は情報産業である」という認識は授業の中で繰り返し話していたが、となると、ＩＴ（情報技術）企業が「フィンテック（金融とＩＴの融合）」と称して、金融業へ参入してくるのは自然の流れである。金融業はますますＩＴ化し、銀行業は法律上の兼業禁止規定からＩＴビジネスを行うことができないが、ＩＴ企業は銀行業を行うことができる。つまり、平たく言えば、三井住友銀行は「楽天」ビジネスを行うことはできないが、楽天は銀行ビジネス

（ネット銀行）を行うことができるようになったのが平成時代である。

令和時代の「銀行vs. ＩＴ企業」を展望すると、第1に、銀行はシステムの開発・維持を自前で行い、ＩＴ（情報技術）経費のうち、70％を既存のシステムの維持・点検といった「守り」の業務に振り向けているが、ＩＴ企業はプラットフォーマー（情報基盤企業）の汎用サービス（クラウドサービス）を活用し、情報管理費用を抑えることができる、第2に、ＩＴ企業は銀行よりも多くの顧客データを有している、第3に、平成時代はキャッシュであるが、令和時代はキャッシュレスである、第4に、ネット決済サービス（利用者がスマートフォンに専用アプリをダウンロードし、会計時にＱＲコードを表示して店側のスマートフォンやタブレット（多機能端末）で読み取る「スマホ決済」「ＱＲコード決済」など）が普及しつつある、第5に、ネット決済サービスを行うＩＴ企業は利用者の消費データを入手・分析・活用できることから、ＩＴ企業は銀行より比較優位になりつつある。

「金融業は情報産業である」ということであれば、銀行はＩＴ企業より比較劣位にあるので、令和時代の銀行は、システム開発・維持の脱・自前のために、プラットフォーマーのクラウドサービスを活用する形で、ＩＴ企業との協業（「フィンテック（金融とＩＴの融合）」）を目指さなければならない。

●平成は人の金融取引、令和はロボットの金融取引

デジタル技術の発達で、金融・証券市場はヒトの存在感が急速に薄れる「無人市場」になろうとしている。平成時代は人が金融取引を行い、令和時代はロボットが金融取引を行う。人は感情に流され、市場のミスプライスを見極められないが、ロボットは感情に流されず、市場のミスプライスを見極められる。

平成時代は人文科学・社会科学を学んだ人の金融取引であるが、令和時代はロボットの金融取引であり、それを自然科学（物理学、コンピューター・サイエンスなど）を学んだ人が支えている時代である。

5　平成は企業不祥事、令和は続・企業不祥事

●昭和は「品質大国」

昭和時代（高度経済成長期）は「整理」「整頓」「清掃」の３Ｓによって日本企業製品の高品質を支え、日本を世界に冠たる「品質大国」にした。しかし、平成から令和に変わりつつある時代、「孤立・細分化し『サイロ』となった職場」「省人化」「忖度」の新３Ｓによって「品質大国」が崩壊しかかっている。

●平成は列車脱線事故

平成17年（２００５年）４月、西日本旅客鉄道（ＪＲ西日本）の福知山線（ＪＲ宝塚線）塚口駅－尼崎駅間で列車脱線事故が起こった。

●平成はコーポレートガバナンス（企業統治）欠如による不祥事

平成は企業不祥事とルール導入が繰り返された時代であった。

昭和から平成に変わりつつある時代、昭和63年（１９８８年）にリクルート事件が起こり、平成は、平成元年（89年）の「改正証券取引法施行」（インサイダー取引に刑事罰）から始まった。「リクルート事件」は同社創業者が政界・官界・財界の各界にＩＰＯ（新規公開株）によりキャピタルゲインが得られる未公開株を渡した贈収賄事件であるが、背景にはインサイダー取引が横行する当時の風潮があった。

平成５年（93年）６月～６年（94年）４月、ゼネコン各社から政界（中央政界・地方政界）に賄賂が送られていたという政界・財界癒着の汚職事件が起こった。

平成７年（95年）大和銀行ニューヨーク支店巨額損失事件、平成９年（97年）第一勧業銀行の総会屋利益供与事件、平成17年（05年）カネボウ巨額粉飾事件などを受け、日本のコーポレートガバナンス（企業統治）が問われ続けた。

平成18年（06年）1月、東京地検特捜部は証券取引法等違反容疑でライブドアの堀江貴文（ホリエモン）社長、同年6月、村上ファンドの村上世彰代表をそれぞれ逮捕した。堀江貴文は、ライブドアの04年9月期の決算報告として提出された有価証券報告書に虚偽の内容を記載したなどとして、平成23年（11年）4月、最高裁判所は堀江の上告を棄却し、懲役2年6カ月の実刑判決が確定した。村上世彰は、ニッポン放送株をめぐってインサイダー取引を行っていたとして、平成23年（11年）6月、最高裁判所は村上の上告を棄却し、懲役2年、執行猶予3年の判決が確定した。

平成23年（11年）11月、オリンパス（光学機器・電子機器メーカー）が、高額なM&A（企業の買収・合併）を繰り返して巨額の損失を出していたにもかかわらず、それを10年以上の長期にわたって「飛ばし（損失計上先送り）」という手法を用いて隠し続けていたことが発覚した。平成27年（15年）4月、東芝の不正会計問題が発覚した。東芝は平成26年（14年）度までの7年間に合計２２４８億円の利益を水増ししていた。

● 平成27年5月、改正会社法の施行

平成27年（２０１５年）5月、改正会社法が施行された。会社法改正のポイントは「社外取締役等による株式会社等の経営に対する監督機能の強化」「企業集団の運営の一層の適正化等

を図るために、監査等委員会設置会社制度を創設（社外取締役等の要件等の改正）」「完全親会社の株主による代表訴訟制度の創設」「株主による組織再編等の差止請求制度の拡充等の措置」である。

●コーポレートガバナンス・コード

平成27年（２０１５年）６月、東京証券取引所はコーポレートガバナンス・コード（企業統治のための規則）を上場企業に適用した。コーポレートガバナンス・コードは「株主の権利・平等性の確保」「株主以外のステークホルダーとの適切な協働」「適切な情報開示と透明性の確保」「取締役会等の責務」「株主の対話」といった５つの基本原則から構成されている。

●カルロス・ゴーン日産自動車会長の逮捕

平成30年（２０１８年）11月、カルロス・ゴーン日産自動車会長が東京地検特捜部に金融商品取引法違反の容疑で逮捕された。カルロス・ゴーンはフランスの自動車メーカーのルノーの会長、日本の自動車メーカーの日産自動車、三菱自動車工業の代表取締役会長であり、「ルノー・日産・三菱アライアンス」の社長兼最高経営責任者（ＣＥＯ）であった。

● 令和の続・企業不祥事

平成29年（２０１７年）９月、国土交通省が日産車体（日産自動車）への立ち入りを実施した際、完成検査の資格を有しない従業員が完成車検査を実施し、検査員の印鑑を使用して検査証に押印していたことが判明した。

平成から令和に変わりつつある時代は、政府・企業はともに人手不足に直面している。仕事量はますます増えているのに、人員は不足している。人員が足りなければ、何らかの合理化を行えばよいのだが、政府・企業はともに「作業の手抜き」を行い、それを組織内部でチエックできないことから、不祥事を繰り返し生んでいる。令和時代は引き続き統治能力（ガバナンス）欠如によって不祥事を生むであろう。

第3章　日本の政治

●昭和は「資本主義vs.社会主義」、平成は2つの資本主義の対立

平成時代は世界地図の一変で始まった。平成元年（1989年）11月、ベルリンの壁が崩壊し、平成2年（90年）10月、東西両ドイツ（ドイツ連邦共和国（西）とドイツ民主共和国（東））が統一した。平成元年12月、米ソ首脳会議で冷戦終結宣言が出され、平成3年（91年）12月、ソビエト連邦（ソビエト社会主義共和国連邦）が崩壊した。

昭和時代の「資本主義（西）vs.社会主義（東）」の戦いは資本主義（西）が勝利し、平成時代は「英米のアングロサクソン型資本主義vs.日独のライン型資本主義」の戦いとなり、英米のアングロサクソン型資本主義が勝利した。

世界地図は一変し、平成時代の日本は「世界トップの国」から転がるように二流、三流の国になってしまった。平成時代の30年4カ月間、首相は17人、出身政党は5つに及び、日本の政治はつねに内向きであり、世界の経済・政治・社会の動きから取り残されている。

1　平成は「右派vs.左派」、令和は「保守派vs.革新派」

●「55年体制」の誕生：与党第1党・自由民主党vs.野党第1党・日本社会党

１９５５年（昭和30年）に右派の「自由民主党（略称は自民党）」と左派の「日本社会党（略称は社会党）」が誕生した。55年以降、自民党は平成５年（93年）まで与党第１党として政権を維持し続け、社会党は野党第1党であり続け、そのことから「万年与党第1党・自民党vs.万年野党第1党・社会党」は「55年体制」と呼ばれている。「55年体制」は「右派（自民党）vs.左派（社会党）」の時代である。

●二大政党の誕生：自由民主党vs.日本社会党

日本社会党（略称は社会党）は、昭和20年（１９４５年）に左の右派の社会民衆党、左の中間派の日本労農党、左の左派の日本無産党などが大同団結する形で結成され、社会党内の「右派vs.左派」の対立激化で50年いったん分裂したが、55年10月、左右両派は社会党再統一を果たした。自由民主党（略称は自民党）は55年11月、日米安全保障条約の改定が迫りつつある中で、社会党再統一に危機感をいだき、「自由党」と「日本民主党」の保守合同によって結党された。

●自由民主党：日本民主党（安全保障問題重視）vs. 自由党（経済問題重視）

保守合同のときの議員数は「日本民主党∨自由党」であったが、自由党は「自由民主党」という党名で名をとり、日本民主党は「自由民主党の綱領」作成の中で実をとった。日本民主党は安全保障問題重視であり、自由民主党総裁で言えば、鳩山一郎、岸信介、福田赳夫、森喜朗、小泉純一郎、安倍晋三、福田康夫の流れである。自由党は経済問題重視であり、自由民主党総裁で言えば、石橋湛山、池田勇人、佐藤栄作、田中角栄、三木武夫、大平正芳、鈴木善幸、中曽根康弘、竹下登、宇野宗佑、海部俊樹、宮澤喜一、河野洋平、橋本龍太郎、小渕恵三、麻生太郎、谷垣禎一の流れである。

１９５５年（昭和30年）と言えば、日本の「高度経済成長期」（54年12月～73年11月）がスタートしたときであり、高度経済成長は、55年の「自由党」と「日本民主党」の保守合同によって結党された「自由民主党」によって支えられ、とりわけ経済問題重視の自由党の流れの自民党総裁・内閣総理大臣（所得倍増論の池田勇人、列島改造論の田中角栄、国富倍増論の宮澤喜一など）によって支えられた。

●平成は「55年体制」の崩壊

平成元年（１９８９年）11月、社会党系の総評と民社党系の同盟、官・民の労働組合員

800万人が大同団結して「日本労働組合総連合会（連合）」を発足させ、平成時代は労働組合運動の穏健化から始まった。

平成時代に入ると経済不況を起因とする閉塞感の中で、万年与党・自民党に対する「飽き」から政治改革、政権交代が待望されるようになる。

平成5年（93年）7月の宮澤喜一政権下の衆議院総選挙で自民党の議席数は223（43・63％）で過半数割れし、日本の政治は劇的な転換をとげることになる。「55年体制」下では「自民党総裁＝内閣総理大臣」であったが、小沢一郎の魔術的政治工作によって、自民党は結党以来はじめて野党に転落し、河野洋平・自民党総裁は内閣総理大臣になれなかった。平成5年（93年）8月、日本新党の細川護煕を首相とする非自民党政権・細川護煕内閣が誕生した。それは、細川護煕内閣が積極的に選ばれたというより、「非自民党政権」ならば何でもよいという国民のコンセンサスであったように思えるが、「55年体制」は崩壊した。

「55年体制」下の政治の対立軸は「右派（自民党）vs. 左派（社会党）」であり、「55年体制」崩壊は政治の対立軸が「右派vs. 左派」でなくなったことを意味する。日本新党の細川護煕は昭和46年（71年）6月の参議院選挙で元は自民党公認で当選した人であり、「55年体制」崩壊の内実は「右派vs. 左派」といったイデオロギー論争から「自民党中心の経済重視派vs. 自民党中心の安全保障重視派」といった実利論争への転換である。

細川護熙内閣は8党派（日本新党、新生党、新党さきがけ、社会党、公明党、民社党、社会民主連合、民主改革連合）連立内閣であり、政治改革で行き詰まった。政治は不安定になり、「非自民党政権」ならば何でもよいという国民の願望は失望感に変わり、消極的理由（政治空白に対する嫌悪感）から、ふたたび自民党を中心とした「政策を実行できる」安定政権を選択するようになった。

●政党イメージ：50歳代以上「右vs.左」、18～29歳「保守vs.革新」

「55年体制」下の政治の対立軸は「右派（自民党）vs.左派（社会党）」であったが、世界の流れは東西両ドイツの統一、ソビエト連邦の崩壊によって変わり、「55年体制」崩壊は政治の対立軸が「右派vs.左派」でなくなったことを意味し、さらに、平成から令和へ変わりつつある時代、どの党が右派で、どの党が左派であるのかは世代間により異なっている。読売新聞・早稲田大学の共同世論調査（2017年8月11日『読売新聞』）によれば、50歳代以上は自民党を最右派（保守）、共産党を最左派（リベラル）とみなしているが、18～29歳は維新を最左派（リベラル）、自民党・共産党を中道、公明党を最右派（保守）とみなしていて、政党イメージは世代でまったく異なり、日本では「右派」「左派」の区別は意味をなさなくなっている。50歳代以上の人は政治を「右」「左」で整理するが、18～29歳の人は政治を「保守」「革新」

で整理する。18～29歳の人は維新を「革新」政党、公明党を「保守（現状維持）」政党とそれぞれみなし、自民党と共産党をそれらの中間に位置付けている。政治の対立軸は、平成時代は「右派vs.左派」のイデオロギー対立であったが、令和時代は「保守派（現状維持派）vs.革新派（改革派）」の実利対立である。

2　平成は政権交代、令和は「安全保障重視vs.経済重視」

●平成は政治不信・政治改革

平成時代は政治不信から始まった。平成元年（１９８９年）６月、竹下登内閣がリクルート事件（政官財の贈収賄問題）による政治不信で総辞職した。同年7月、宇野宗佑首相は従来の3点セット（リクルート問題、消費税問題、牛肉・オレンジの輸入自由化問題）に加え、宇野首相の女性スキャンダルによる、参議院選挙の敗北の責任をとり退陣した。平成３年（91年）10月、証券不祥事で橋本龍太郎蔵相が引責辞任し、平成５年（93年）３月に東京佐川急便事件によって金丸信が逮捕されると、世間の政治不信は頂点に達した。

「政治にカネがかかりすぎるのは、総裁選に向けて派閥領袖が子分を養うためだ」が政界・経済界の共通認識であり、平成５年（93年）８月の「55年体制」崩壊のきっかけは昭和時代から積み重なった政治とカネの問題であり、政治改革は喫緊の課題となった。

平成6年（94年）1月の細川護熙首相と野党・自民党の河野洋平総裁のトップ会談を経て、「政治改革四法」（公職選挙法改正案、政治資金規正法改正案、政党助成法案、衆院選挙区画定審議会設置法案）は成立し、小選挙区比例代表並立制度（小選挙区300、比例代表200：全国11ブロック）と政党交付金が導入された。

● 平成の政治改革は政権交代可能な二大政党：自民党vs.民主党

平成8年（1996年）10月、小選挙区比例代表並立制度（拘束名簿式比例代表制度）の下ではじめての衆議院総選挙が行われた。橋本龍太郎・自民党の議席数は223（43・63％）から239（47・80％）へ増えた。

平成10年（98年）7月の参議院選挙での敗北の責任をとって橋本龍太郎は自民党総裁・内閣総理大臣を辞任し、小渕恵三内閣が誕生した。平成11年（99年）1月、小渕恵三第2次改造内閣の下で自民党と自由党の連立政権が生まれ、同年10月、公明党は「自自連立」に正式参加し、自民党、自由党、公明党の3党による「自自公連立政権」が発足した。

平成10年（98年）4月、民主党が結成された。民主党の基本理念は、党内の「旧民政党系（保守中道）vs.旧民主党系（中道左派）」の対立の結果、民主中道となった。日本の政治は「自民党（保守・中道右派）vs.民主党（リベラル・中道左派）」の二大政党になりつつあり、平成

15年（２００３年）９月に自由党が民主党に合流した。

● 二大政党の政権交代：民主党「試運転内閣」の誕生

平成19年（２００７年）７月の参議院選挙では「自民党（83議席）＋公明党（20議席）vs. 民主党（１０９議席）」、平成21年（09年）８月の麻生太郎政権下の衆議院総選挙では「自民党（１１９議席）＋公明党（21議席）vs. 民主党（３０８議席：64・16％）」になり、自民党は第1党から転落した。同年９月、民主党第1党の下、民主党・社会民主党・国民新党による連立政権が誕生し、谷垣禎一・自民党総裁は内閣総理大臣になれなかった。

平成21年（09年）９月～平成22年（10年）６月鳩山由紀夫内閣、平成22年（10年）６月～平成23年（11年）９月菅直人内閣、平成23年（11年）９月～平成24年（12年）12月野田佳彦内閣といった「試運転内閣」が3代、３年３カ月続いた。民主党政権期（２００９年８月～12年12月）には、08年９月に生起した「リーマンショック」の対策、11年３月に生起した「東日本大震災」の対策を行わなければならなかったが、当時の政権が民主党「試運転政権」であったことは「平成の悪夢」である。

令和は「政策実行力の高い巨大与党vs.政策実行力の低い弱小野党」

野田佳彦・民主党政権下の平成24年（２０１２年）12月の衆議院総選挙で「自民党（２９４議席）＋公明党（31議席）vs.民主党（57議席）」となり、民主党はふたたび野党になり、安倍晋三・自民党政権が誕生した。平成28年（16年）３月、民主党と維新の党は合併し「民進党」が誕生したが、民進党は保守中道の流れの「国民民主党」と中道左派の流れの「立憲民主党」に分かれた。

自民党と公明党による「自公連立政権」は平成11年（１９９９年）10月～平成21年（２００９年）９月、平成24年（12年）12月～現在と続いているが、令和時代は「平成時代の民主党政権の悪夢」がトラウマ（精神的外傷）となり、消去法で、「政策実行力の高い巨大与党vs.政策実行力の低い弱小野党」が続くであろう。

平成は「右派vs.左派」、令和は「経済重視vs.安全保障重視」

令和時代には、政党のイデオロギー色は薄れ、既存政党が「中道」で同質化するであろう。政策の差別化はなくなり、国政選挙における選択は、「右派vs.左派」のイデオロギーではなく、「いずれの党が同じ『中道』政策をうまく実行できるか」の実利によってなされ、これは「政策実行力の高い巨大与党vs.政策実行力の低い弱小野党」を生む。そうなれば、令和時代の政治の対立軸は自民党内に脈々とある「経済重視 vs. 安全保障重視」といった実利であり、令和時代の政治は「自民党・巨大与党の経済重視派＋弱小野党の経済重視派 vs. 自民党・巨大与党の安全保障重視派＋弱小野党の安全保障重視派」の対立軸で行われるであろう。「経済の実利」と「安全保障の実利」が一致していれば問題ないが、一致していなければ、政治は「経済の実利」と「安全保障の実利」のいずれかを優先するために「経済重視 vs. 安全保障重視」を選択しなければならない。

●平成は政権不祥事を政争の具、令和は国民のための国会論戦

政治家には無私の行動を促す不文律が伴うものであり、それは西欧では「奉仕と犠牲」「ノブレス・オブリージュ（高貴なる義務）」、日本では「陰徳」「報恩」と呼ばれている。平成時代の日本の選挙はしばしば「人気投票」になり、選挙のたびに大量の新人議員が誕生し、「魔の○回生」などと揶揄され、それが政治家の劣化をもたらしている。「健全な与党を作るには、健全な野党が必要である」と言われる。平成時代の野党は、政権不祥事を政争の具にし、過度な疑惑追求を行い、それは「国民のため」とみなされるよりは、「私利私欲のため」「党利党略のため」とみなされ、国民の信頼を得ることができなかった。

与野党議員はともに「国会議員であり続けるための選挙での当選」といった私利私欲を最優

先して、国会では国民のための議論をまともに行わず、野党は与党の敵失を見つけて攻撃することに、与党は野党への反撃ばかりを企図しているように見える。国費を投入している国会の仕事は「国会議員同士の劣化の劇場化」ではなく、国民のための政策論戦であるべきである。「与党vs.野党」の対立で国会が機能しなくなったときに、国民生活をめぐる議論がストップするのはよくない。令和時代には、国民生活の基礎をなす制度については、超党派で議論することが重要であろう。

3　平成は「中道右派vs.中道左派」、令和は「右派ポピュリズムvs.左派ポピュリズム」

●平成は中間層、中道政党（中道右派vs.中道左派）

平成時代の日本は中間層が多数派であり、中道政党が多数党であった。中道政党は開かれた、リベラルな、民主的な社会を目指している。

平成時代の世界政治は極右・極左が少数派で、中道政党（中道右派vs.中道左派）が多数派であった。平成時代の日本政治は、世界と同様に、極右・極左が少数派で、中道右派・中道左派が多数派であった。

平成から令和へ変わりつつある時代、世界の政治潮流は、同質化した中道右派・中道左派から「ポピュリズム」（大衆迎合・衆愚：極端な右派 vs. 極端な左派）への流れである。つまり、「グローバル化の副作用（不公平感）」「デジタル化の進展（経済格差の拡大）」「テロによる価値観の内向き化」などによって、世界は「非寛容」（ナショナリズム、保護主義、排他主義）になり、ポピュリズムが広がりつつある。しかし、日本の制度は「敗者を生まないシステムである」と言われ、日本政治は同質化した中道右派・中道左派が多数派である。

令和時代の日本が、世界の流れと同じであるならば、多数派（中道右派 vs. 中道左派）が衰退し、ポピュリズム（極右・極左）が台頭するかもしれない。令和時代の日本にポピュリズムが生まれるか否かは「政治」しだいであり、政治の真空状態（政策当局の無為無策）はポピュリストを生む。

●平成は有権者団体、令和は2つの「中抜き政治」

平成時代には有権者の団体（自治会・町内会、婦人会・青年団、農業団体、商工業団体、労働組合、ＮＰＯ・地域づくり団体など）があり、政党は有権者団体に支えられていた。平成時代の政治は有権者団体によって支持された政党によって行われた。

平成の始まり（平成元年：１９８９年）と終わり（平成30年：２０１８年）では、有権者の団体加入は劇的に減少している。平成から令和へ変わりつつある時代、第１に政党員は減少し、第2に有権者団体（支持団体・系列団体）は弱体化し、第3に団体に属さない「無組織層」が激増し、無組織層は「無党派層」を形成している。

令和時代に、２つの「中抜き政治」が行われるであろう。第1の中抜き政治は、有権者団体などの媒体を経由しない政治、つまりＩＴ（情報技術）を積極活用し、有権者の意見が有権者団体などの媒体を中抜きにして迅速に政治家に届く政治である。第2の中抜き政治は、政治家を経由しない政治、つまりＡＩ（人口知能）を積極活用し、有権者の意見が政治家を中抜きにして迅速に行政に届く政治である。

令和時代の政治がより良いものになるためには、「民意を読み取る政治家」と「専門的見地から助言できる公務員」の協働が不可欠である。ここで、公務員の専門性は「エビデンス（証拠）の活用」「政治的文脈の理解」「実施状況の想定」といった3つの要素を均衡させる能力である。

令和時代には、「ＡＩ（人口知能）」を活用した政治が行われ、ＡＩが「民意を読み取る」政治家の役割、「専門的見地から助言できる」公務員の役割を果たすであろう。

● 政治の形：平成はテレビ政治、令和はＡＩ政治

政治の形は時代とともに変わりつつある。明治時代は「藩閥政治」、大正時代は「政党政治」、

昭和初期時代は「軍閥政治」、昭和後期時代は「派閥政治」、平成時代は「テレビ政治」であり、令和時代は「ＡＩ政治」（「人口知能直接民主主義」）であろう。「ＡＩ政治」は有権者の意見が政治家を中抜きにして迅速に行政に届く政治である。

「藩閥政治」「政党政治」「軍閥政治」「派閥政治」「テレビ政治」はすべて人間によって行われているが、「人間 vs. ＡＩ」のどちらが正義を行うことができるのであろうか。第１にデータは政治の運営を改善し、より公正な社会を作るはずであるが、ＡＩはプログラムに何らかのバイアスがかかっているのが問題である。第２に何が正義であるのかは難しいが、政治の要諦は、単に正義を行うだけでなく、正義を行っていると人々を納得させることである。第３にＡＩは人々をして「フェース・ツー・フェース（１対１の出会い）」の接触の機会を奪い、バラバラにして社会の連携を弱める。

● 令和は「社会の階層化」によるポピュリズム

平成から令和へ変わりつつある時代、第１に、マクロ経済が停滞し、実質所得が伸び悩み、あるいは減少する中で、「社会の階層化」が進んでいる。社会階層の「中の下の層」が困窮化すると、既成政党離れが生じ、票はポピュリズム政党（極右・極左の急進政党）に流れる。ポピュリズム政党はＳＮＳ（交流サイト）などを最大限活用して既成政党を批判し、無党派層からの支持を得るであろう。第2に、「グローバル化」がますます進み、経済格差が開き、「私はグローバル化の犠牲者である」と叫ぶ人々が増え、「勝ち組 vs. 負け組」の対立が激しくなりつつある。社会階層の「上」は「既成政党は社会階層の『下』ばかり見ている」と不満を抱き、社会階層の「中の下」は「既成政党は社会階層の『下』に生活保護、失業保険、職業訓練などのセーフティーネットを与えすぎである」と不満を抱いている。政治は負け組の声に応えて「ポピュリズム（大衆迎合主義）」化し、既存の同質化した中道右派・中道左派は支持を失い、負け組の声に応えてバラマキ政策をとるポピュリズム政党（極右・極左の急進政党）が支持を伸ばすであろう。ポピュリズム政党は、「中道右派 vs. 中道左派」と一線を画して、草の根の支持を集める。

しかし、ポピュリズム政治が取り上げ、解決しようとする問題は、そもそも本来の問題が歪められた形で国民の面前に示され、問題の解が提示されることはなく、「ポピュリズム型劇場」だけが開かれている。

●令和は「社会の分断化」によるポピュリズム

平成から令和へ変わりつつある時代、「都市 vs. 地方」の格差、「技能を持つ者 vs. 持たない者」の格差が深まり、「地方に暮らし、技能が時代遅れになった中高年 vs. 都市に生まれ、教育を受けたエリート」といった「社会の分断化」が生じ、それはポピュリズムをもたらしている。ポピュリズムは「恐怖」を炎上させて台頭するものであり、市民の受けを狙ってはいるが、不和の拡大を基盤にしている。「否定」「反対」だけを大上段に唱えるポピュリズムは何ら新しい価値を生むものではない。令和時代にポピュリズムが台頭するとすれば、その時代のうちにポピュリズムのバブルは弾けるであろう。

●令和は「右派ポピュリズムvs.左派ポピュリズム」

「資本主義vs.社会主義」の対立が終焉し、オール「中道化」して久しいが、平成から令和へ変わりつつある２０１９年の米国の『大統領経済報告』には「市場　対　社会主義」という章が設けられ、「市場（共和党のトランプ）vs.社会主義（民主党のサンダース）」という形で、極左ポピュリズム（社会主義）が問題視されている。

令和時代にポピュリズムが台頭するとすれば、それは「右派ポピュリズムvs.左派ポピュリズム」の時代であろう。政治の座標軸は右派ポピュリズムは一番右の位置、左派ポピュリズムは一番左の位置という直線ではなく、円を描いているので、右派ポピュリズムと左派ポピュリズムには「バラマキ政策」という共通点がある。

4　平成は安倍晋三内閣、令和は「安倍晋三内閣＋小泉進次郎内閣」

●平成は第1次安倍晋三内閣

安倍晋三は、平成18年（２００６年）９月20日、小泉純一郎の任期満了に伴う自民党総裁選で麻生太郎、谷垣禎一を破り、同月26日の臨時国会において内閣総理大臣に指名された。第１次安倍内閣、第１次安倍改造内閣は「お友達内閣」と揶揄され、大臣のスキャンダル続きで、平成19年（07年）９月12日、安倍晋三は自民党総裁・内閣総理大臣を辞した。

●平成は第2次安倍晋三内閣

野田佳彦・民主党政権下の平成24年（２０１２年）12月の衆議院総選挙で「自民党（２９４議席）＋公明党（31議席）vs. 民主党（57議席）」となり、自民党と公明党の連立政権が誕生した。平成24年（12年）12月～現在は第２次安倍内閣、第２次安倍改造内閣、第３次安倍内閣、第３次安倍第１次改造内閣、第３次安倍第２次改造内閣、第３次安倍第３次改造内閣、第４次安倍内閣、第４次安倍改造内閣である。

● 平成から令和への首相は安倍晋三

平成29年（２０１７年）９月、臨時国会冒頭で衆議院は解散し、同年10月、衆議院総選挙が行われた。民主党は分裂し、「自民党（２９１議席↓２８４議席）・公明党（35議席↓29議席）vs. 立憲民主党（55議席）・希望の党（50議席）」になり、自民党・公明党（３２６議席↓３１３議席（67・３％））になった。

● 安倍晋三の一丁目一番地は憲法改正

「アベノミクス」は安倍晋三政権のレガシーの１つになるかもしれないが、安倍晋三は「日本民主党（安全保障問題重視）vs. 自由党（経済問題重視）」といった対立軸の日本民主党（安全保障問題重視）の流れであり、憲法改正は安倍晋三の一丁目一番地である。

平成28年（２０１６年）７月、参議院選挙が行われ、自民党１２１議席、公明党25議席、おおさか維新の会12議席、日本のこころを大切にする党３議席、無所属議員４議席の合計１６５議席（68・18％）であり、「『自民党・公明党・おおさか維新の会など』の改憲勢力で改憲発議に必要な２／３以上を衆参両院で獲得したので、憲法改正が現実化してきた」と報道された。

しかし、自民党・おおさか維新の会（日本維新の会）は憲法改正に前向きな勢力であるが、公明党は「加憲」であり、憲法９条の改正には否定的である。自民党・公明党の連立政権では、憲法改正（とくに憲法９条の改正）は難しく、２０２１年９月までの安倍首相の任期中には憲法改正は困難であろう。

●令和は「安倍晋三内閣＋菅義偉内閣＋小泉進次郎内閣」

安倍晋三首相の在任期間は２００６年９月から07年９月までの第１次政権、12年12月から19年９月の第２、３、４次政権で、通算、連続ともに歴代最長である。「自民党総裁＝内閣総理大臣」である中で、安倍晋三の自民党総裁の任期は、17年３月の党大会で、「１期３年、連続２期６年」から「１期３年、連続３期９年」（２０２１年９月まで）へ延長されたが、令和時代へ変わる中で、「１期３年、連続４期12年」への再延長の議論が出てきている。

安倍晋三首相が一丁目一番地の憲法改正を行おうとすれば、「１期３年、連続４期12年」への再延長が必要になってくるかもしれない。安倍晋三首相が「１期３年、連続３期９年」で終われば、安全保障問題重視の流れの菅義偉（70歳）内閣が誕生するかもしれない。そうなれば、ポスト安倍（括弧内は18年１月時点の年齢）は、経済問題重視の流れの石破茂（60歳）、岸田文雄（60歳）ではなく、小泉進次郎（36歳）であるかもしれない。

安倍晋三は一丁目一番地を憲法改正と考えているが、「１期３年、連続４期12年」への再延長の正当性は「安倍晋三だけが北方領土問題・拉致問題を解決できうる」という期待に求められるであろう。

安倍晋三首相は憲法改正ではなく、全世代型社会保障制度改革をレガシー（首相としての遺産）にすればよいと思う。これまでの医療・介護・年金といった社会保障制度は高齢者向けのものであり、高齢者向けの医療・介護・年金は明日の、将来の日本を築くものではない。明日の、将来の日本を築く担い手は若年世代であり、若年世代のための全世代型社会保障制度を充実すれば、生産性が高まり、潜在ＧＤＰが増大する。

第４章　日本の社会

●日本人の「好きな国VS.嫌いな国」

日本経済新聞の郵送世論調査（２０１９年１月）によれば、日本人にとって好きな国は、第1位英国、第2位米国であり、嫌いな国は、第1位北朝鮮、第2位中国、第3位ロシア、第４位韓国である。近隣国は国と国の間の問題を生じやすいこともあるが、日本人の嫌いな国の上位国はすべて日本の近隣国ばかりである。

1　平成は阪神淡路大震災・東日本大震災、令和は南海トラフ地震・首都直下地震

●平成は自然災害

平成は「災害の時代」であった。平成時代、日本列島は再三大きな自然災害に襲われた。平成３年（１９９１年）６月、雲仙普賢岳で大火砕流が発生した。平成26年（２０１４年）９月、御嶽山が噴火した。平成29年（17年）７月、九州北部で集中豪雨が発生した。平成30年（18

年）７月、西日本豪雨が発生した。

● 平成はオウム真理教

平成７年（１９９５年）３月、新興宗教団体「オウム真理教」によって引き起こされた猛毒の神経ガス「サリン」による大量殺傷事件「地下鉄サリン事件」が発生した。地下鉄サリン事件は国内最悪の無差別テロ事件である。

● 平成は阪神淡路大震災、東日本大震災

平成時代、震度7を観測した地震は合計6回あった。

平成7年（１９９５年）1月17日5時46分、兵庫県の淡路島北部（あるいは神戸市垂水区）沖の明石海峡を震源としたM７・３、最大震度7の「平成7年（１９９５年）兵庫県南部地震」が起こった。

平成16年（２００４年）10月23日17時56分、新潟県中越地方（現在の長岡市）の直下を震源としたM６・８、最大震度7の「平成16年（２００４年）新潟県中越地震」が起こった。

平成23年（11年）3月11日14時46分、宮城県牡鹿半島の東南東沖１３０㎞を震源としたM９・０、最大震度7の「東北地方太平洋沖地震」が起こった。東日本大震災は地震、津波、福

島第一原子力発電所事故のトリプル大災害である。福島原子力発電所の事故は、日本人をして、第１に防災意識の希薄さ、第２に科学・技術への過信の夢、から覚醒させた。

平成28年（16年）４月14日21時26分熊本県熊本地方を震央としたＭ６・５、最大震度７の、４月16日１時25分熊本県熊本地方を震央としたＭ７・３、最大震度７の「熊本地震」が起こった。

平成30年（18年）９月６日３時７分、北海道胆振地方中東部を震源としたＭ６・７、最大震度７の「北海道胆振東部地震」が起こった。

経済上の直接被害額は、東日本大震災は17兆円（政府推計）、阪神淡路大震災は９兆９０００億円（兵庫県推計）である。阪神淡路大震災、東日本大震災は「想定外」とされ、日本人の価値観にも影響を与えた。阪神淡路大震災が起きた平成７年（１９９５年）は「ボランティア元年」と呼ばれるようになり、公助から自助・共助（one for all, all for one）へのシフトが生じた。

●令和は南海トラフ地震・首都直下地震

平成30年（２０１８年）６月、土木学会は、これからの30年以内、つまり令和時代に、「南海トラフ地震」が70～80％の確率で、「首都直下地震」が70％の確率でそれぞれ生起すると予測し、日本経済への総被害額は、20年間で最悪、南海トラフ地震が１４１０兆円、首都直下地震が７７８兆円とそれぞれ推計している。

大地震生起の確率計算は、大地震が特定の地域で繰り返し起こる「周期説」に基づくものであるが、「大地震の規模や範囲、発生間隔はバラバラで、周期的な発生を予測できるという仮説事態が誤りである」という学説もある。

2　平成は少子化、令和は少子高齢化

● 平成は少子化：「合計特殊出生率1・57ショック」

平成時代は「１・57ショック（少子化ショック）」で始まり、「少子化」を克服できないまま終わった。

平成元年（１９８９年）の合計特殊出生率（1人の女性が生涯に産むと推計される子供の数）は１・57と戦後最低を更新し、それは「１・57ショック」と呼ばれるようになった。平成の終わり（平成29年（２０１７年））の合計特殊出生率は１・43であり、平成時代に１・57を上回ることはなかった。日本の合計特殊出生率は世界で最低レベルである。

現在の人口（1・２６８億人：17年）を維持できる合計特殊出生率は２・07であり、合計特殊出生率が1・8であれば、令和47年（２０６５年）時点で人口1億人を維持できる。

●団塊ジュニアによる第3次ベビーブームは起きなかった

第１次ベビーブーム、第２次ベビーブームはやってきたが、団塊ジュニア（昭和46～49年：１９７１～74年生まれ）による第３次ベビーブームは起こらなかった。団塊ジュニアは高卒就職するのが平成元～３年（89～92年）、大卒就職するのが平成４～７年（93～96年）であり、それはバブル経済が崩壊し、企業が新卒採用を絞った時期である。団塊ジュニアは、非正規雇用であるか、正規雇用（正社員）であっても賃金・給与が低かったので、適齢期を迎えても結婚しにくかった。雇用劣化は未婚化を促し、少子化に拍車をかけた。

政府は平成11年（１９９９年）に保育サービスの拡充や、仕事と子育ての両立支援などを柱とする「少子化対策推進基本方針」をまとめた。

●平成17年（05年）はじめての自然減（出生数＜死亡数）

一国の人口の増減は、「出生数＞死亡数」による自然増、「出生数＜死亡数」による自然減と、人口移動（移民など）「流入数＞流出数」による社会増、「流入数＜流出数」による社会減がある。

年間出産数の減少は平成元年～10年４万４０００人、11～20年８万７０００人、21～30年１４万９０００人である。平成17年（05年）12月は「出生数＜死亡数」となり、はじめて「人口の自然減」になった。

● 平成の少子化の原因

子供を産むのは女性であり、女性の選択は、まず第１に「結婚する vs. 結婚しない」、第２に「子供を産む vs. 子供を産まない」であるが、平成時代の少子化の原因の70％くらいが「結婚しない」（未婚率の上昇）、30％くらいが「子供を産まない」（有配偶出生率の低下）である。30歳代前半の女性の未婚率は平成の始まり（平成２年（１９９０年））は13・９％、平成の終わり（平成27年（２０１５年））は34・６％である。

政府は「子供を欲しいと考える夫婦らの希望がすべてかなった場合の出生率（希望出生率）は１・８になる」と推計しているが、実際の出生率が１・８を下回っているのは、出産・育児と仕事を両立しにくい環境が影響している。

政府は、平成３年（91年）「育児休業法（現在の育児・介護休業法）」を制定、平成11年（99年）「少子化対策推進基本方針」を打ち立て、平成13年（２００１年）「待機児童ゼロ作戦」を実施している。

●令和は少子高齢化

日本の人口構造は、平成時代の始まり（１９８０年代後半）は20歳以下の人が３５００万人、80歳以上の人が３００万人であったが、平成時代の終わりは20歳以下の人が２３００万人、80歳以上の人が１０００万人以上である。

令和時代は人口構造を少子高齢化する。令和４年（２０２２年）には団塊の世代（８００万人）が後期高齢者（75歳以上）になり始める。平成30年（18年）の総人口に占める65歳以上の割合は28・１％であり、令和18年（36年）には３人に１人が65歳以上になり、令和24年（42年）には65歳以上が３９３５万人でピークになる。人口構造の少子高齢化は政府の財政を逼迫化させる。

３　平成は平均寿命、令和は健康寿命

●平成は長寿化

平成時代は、ゴールドプラン・新ゴールドプラン・ゴールドプラン21（高齢者保健福祉推進計画）、介護保険制度、健康日本21（21世紀における国民健康づくり運動）、特定健康検診などによって、高齢者の死亡率が低下し、平均寿命が延びた。平均寿命（０歳時の平均余命）は、平成の始まり（平成元年（１９８９年））男性75・９歳、女性81・８歳、平成の終わり（平成

29年（２０１７年））男性81・1歳、女性87・3歳であり、平成時代に、平均寿命が、男性は5・2歳、女性は5・5歳伸びた。

●平成は平均寿命を伸ばす、令和は健康寿命を伸ばす

「健康寿命」は健康上の問題で日常生活が制限されることなく生活できる期間であり、「平均寿命－健康寿命」は継続的に医療・介護を受けざるを得ない期間である。

社会保障関係費の伸びを抑えるためには、第1に、「平均寿命－健康寿命」、つまり平均寿命と健康寿命の差を小さくしなければならず、平成時代に平均寿命を伸ばしたので、令和時代には健康寿命を伸ばさなければならない。第2に、平成時代は経済格差・社会格差が拡大し、それが健康格差を生んでいるが、令和時代は健康格差を是正しなければならない。

「人生百年時代」と言われている中、もし「平均寿命＝健康寿命」であり、希望する年齢まで働き続けることができるのであれば、人は一生涯「労働者＝消費者」であり続け、自立できるであろう。「平均寿命＞健康寿命」であるからこそ、自立できない期間が生じ、社会保障制度（医療、介護、年金など）に頼らざるをえないのである。令和時代には、引き続き平均寿命は伸びると言われているので、社会保障制度を崩壊させないために、健康寿命をより一層伸ばさなくてはならない。

４　平成は東京一極集中、令和は東京・愛知・大阪

● 平成の東京

東京は平成時代の前半と後半で様変わりである。昭和から平成に変わりつつある時代にバブル絶頂・バブル崩壊があり、東京はバブルの影響をまともに受けた。平成時代が始まる直前のバブル経済のとき、地価は著しく高騰し、東京の中心部から人口が流出した。平成時代の前半期、第１に東京圏の商業地の地価が４分の１に下落し、企業が不良資産問題（金融機関からすれば不良債権問題）を抱えるようになった、第２に不況になったことから、一部の大手企業は本社を都心から移転したので、東京に都心の空洞化が生じた。平成時代の後半期、平成13年（２００１年）の小泉純一郎政権誕生により、経済再建に向け、都市の再生は内政の最重要課題に位置付けられ、東京は転機を迎えた。内閣に都市再生本部が設置され、容積率の緩和で再開発を促す都市再生特別地区が創設され、都心の大型再開発が動き出し、都心回帰が始まった。

都内の高さ１００メートル超の高層ビルは、平成の始まり（平成元年（１９８９年））はおよそ50棟であったが、平成の終わり（平成30年（２０１８年））はおよそ５００棟であり、平成時代に10倍になった。東京都人口の全国人口に占める割合は、平成の始まり（平成２年（90年））は９・４％であったが、平成の終わり（平成29年（17年））は10・８％である。

東京都の課題は、平成時代の前半期は空洞化防止、後半期は集中回避である。

●平成から令和への東京

平成から令和へ時代が変わりつつある中で、東京都の、都道府県別の実質成長率、１人当たり県民所得の伸び率は全国平均を下回り、東京への一極集中の流れが止まりつつある。地方から東京への人口流入が続いているにもかかわらず、実質成長率、１人当たり県民所得の伸び率が全国平均を下回っているのは、東京は、第１に製造業の比重が小さい、第２に非製造業の伸びが頭打ちである、第３に金融・保険業の総生産の伸び率が全国平均を下回っている、第４に卸売・小売業の総生産の伸び率が全国平均を下回っている、からである。

●昭和・平成は新幹線（東京）、令和はリニア新幹線（東京・愛知・大阪）

昭和・平成時代は新幹線により東京集中であったが、令和時代はリニア新幹線により東京・愛知・大阪の時代になる。

昭和・平成は新幹線の時代であり、昭和39年（１９６４年）10月に東京駅－新大阪駅間に「東海道新幹線」が開業した。昭和時代は新幹線（東海道、山陽、東北（盛岡駅以南）、上越の各新幹線）、平成時代はミニ新幹線（山形、秋田の各新幹線）、整備新幹線（北陸、東北（盛岡駅以北)、九州(鹿児島ルート)、北海道)の時代であり、新幹線は車両の軽量化やモーターの高性能化で最高速度を上げ、東京駅－新大阪駅間の最短所要時間は、「こだま」昭和35年(60年)６時間30分、「ひかり」昭和39年(64年)４時間、昭和40年(65年)３時間10分、「のぞみ」平成４年(92年)２時間30分、平成27年(２０１５年)２時間22分である。

令和は、令和９年(27年)(東京－名古屋)、令和19年(37年)(名古屋－大阪)予定のリニア中央新幹線の時代であり、リニア中央新幹線によって、東京－名古屋が約40分、東京－大阪が約67分で結ばれ、首都圏、中部圏、近畿圏を合わせた超巨大経済圏(スーパー・メガリージョン)が出来上がる。

世界は、珠江デルタ(広州、香港、深圳など)、米国東海岸のボスウォッシュ(ボストン、ニューヨーク、ワシントン)、インドのデリー・ムンバイ産業回廊などの巨大経済圏が競う時代であり、リニア新幹線によって一体化する日本の三大都市圏は海外の巨大経済圏に引けを取らない。

鉄道の高速化は時間・場所からの解放による新たな価値を創造する。昭和・平成時代の新幹線はビジネスを変えたが、令和時代のリニア新幹線は生活スタイルを変えるであろう。

● **国際空港：東京・愛知・大阪**

平成17年（２００５年）２月、中部国際空港が開港した。中部国際空港（中部セントレア国際空港）は、愛知県常滑市の沖合の伊勢湾海上の人工島に位置する、24時間運用可能な国際空港である。中部国際空港は、関西国際空港に次ぐ国内第２の海上国際空港であり、成田国際空港、関西国際空港とともに国際拠点空港である。

● **「平成の大合併」：政府主導による合併推進**

平成22年（２０１０年）３月、「平成の大合併」は終了した。平成17年（05年）４月、「市町村の合併の特例等に関する法律」（「合併新法」）が施行され、市町村の合併が進められた。「合併新法」の期限は平成22年（10年）３月であり、政府主導による合併推進は終了した。同年４月、「合併新法」は改正され、第１に期限はさらに10年間延長される、第２に国・都道府県による合併の推進に関する規定は削除される、第３に市制施行の条件緩和などの特例も廃止されるなど、政府主導の合併推進運動は正式に終了した。

● **平成は長野冬季オリンピック、令和は東京オリンピック・パラリンピック**

昭和時代には、昭和39年（１９６４年）10月、第18回東京オリンピック、昭和47年（72年）

2月、第11回札幌冬季オリンピックが開催された。平成時代には、平成10年（98年）2月、第18回長野冬季オリンピックが開催された。令和時代には、令和2年7月、第32回東京オリンピック・パラリンピックが開催される。

●平成は愛知万博、令和は大阪・関西万博

平成17年（2005年）3月25日から同年9月25日まで、「2005年日本国際博覧会」が愛知県で開催された。略称（愛称）は「愛・地球博」「愛知万博」であり、1970年に開催された「大阪万博」以来の2回目の大規模国際博覧会である。

令和7年（2025年）5月3日から同年11月3日までの185日間、「2025年日本国際博覧会」（略称は「大阪・関西万博」）が大阪府「夢州（ゆめしま）」で開催され、テーマは「いのち輝く未来社会のデザイン」である。

5　平成は文型・理系、令和は文理融合

●平成は日本人のノーベル賞受賞者量産

平成26年（2014年）7月、著者が学術雑誌ネイチャー掲載のSTAP細胞（刺激惹起性多能性獲得細胞）関連の2本の論文を撤回したという日本の科学に対する信頼性を損なう大事

件もあったが、１９０1年～２０１８年のノーベル賞受賞者の中で、「日本出身で日本国籍」は24名（物理学賞9名、化学賞7名、生理学・医学賞5名、文学賞2名、平和賞1名）、「日本出身で外国籍」は3名（物理学賞2名、文学賞1名）であり、日本人の受賞者数は非欧米諸国の中で最多である。

平成時代、受賞時点で外国籍を有する者3名を含めて、日本は、物理学賞で小柴昌俊（平成14年：２００２年）、小林誠、益川敏英、南部陽一郎（平成20年：２００８年）、赤崎勇、天野浩、中村修二（平成26年：２０１４年）、梶田隆章（平成27年：２０１５年）、化学賞で白川英樹（平成12年：２０００年）、野依良治（平成13年：２００1年）、田中耕一（平成14年：２００２年）、下村脩（平成20年：２００８年）、根岸英一、鈴木章（平成22年：２０１０年）、生理学・医学賞で山中伸弥（平成24年：２０１２年）、大村智（平成27年：２０１５年）、大隅良典（平成28年：２０１６年）、本庶佑（平成30年：２０１８年）、文学賞で大江健三郎（平成6年：１９９４年）、カズオ・イシグロ（平成29年：２０１７年）が受賞した。文型・理系で言えば、ほとんど理系の受賞ばかりである。

●平成は「はやぶさ」、令和は「はやぶさ2」

宇宙科学研究所（宇宙航空研究開発機構：ＪＡＸＡ）は、はるか遠くの小惑星探索のために、平成15年（2003年）5月、探査機「はやぶさ」を打ち上げ、「はやぶさ」は平成22年（10年）6月、小惑星「イトカワ」の微粒子を採取して地球に帰還した。

平成26年（14年）12月、探査機「はやぶさ2」を打ち上げ、「はやぶさ2」は令和時代（2020年）、小惑星「りゅうぐう」の岩石などを採取して地球に帰還する予定である。「はやぶさ2」は平成31年2月22日、半径3メートルの場所を狙ってピンポイント着地した。

宇宙は、資源開発と安全保障の2点で重要視されつつあり、「はやぶさ2」はきわめて精度の高い着陸を成し遂げ、日本は小惑星探査で世界に高い「宇宙品質」を示している。

●平成は文型・理系、令和は文理融合

昭和30年（1955年）～平成6年（94年）の40年間に生まれた人、6025万人を現役世代と定義すると、この中で短大・高等専門学校を含めた大卒は46%、中学・高校・専門学校の非大卒が54%である。

平成から令和へ変わりつつある時代、学歴社会は崩壊しつつあり、「大学はどこで学んだかよりも、何を学んだか」が問われるようになっている。

大学で基礎学力が付くわけではない。基礎学力を身につけるのは高校、さらに言えば大学入学試験のための学習（受験勉強）である。日本の高校では文型と理系に分類され、国語、英語

は共通科目であるが、第1に数学が文型では軽視され、理系では重視されている。第2に文型では社会が重視され、理系では理科が重視されている。

「令和」は「Ｓｏｃｉｅｔｙ５・０（超スマート社会）」の時代であり、それに対応するためには、文型・理系の区別を廃止し、文理融合にすべきである。基礎学力を養うのは高校、大学受験勉強である。高校での学習、大学受験科目は文理融合でなければならない。

令和2年度（２０２０年度）からは「プログラミング教育必修化」が小学校で始まる。

●「世界大学ランキング」における日本の大学

英国ＱＳ社の「世界大学ランキング」の評価指標の、第1は「世界水準の高度な研究（リサーチ）」（教授等1人当たり論文引用数、学術関係者の評価）、第2は「雇用され得る能力（エンプロイアビリティ）」（雇用者の評価）、第3は「教育（ティーチング）の質」（学生1人当たり教授等比率）、第4は「国際化（インターナショナライゼーション）」（外国人教授等比率、留学生比率）である。

日本の大学は、第1にトップ２００校入りした大学数は、世界では米国、英国、オランダ、ドイツに次いで第5位、アジアでは中国、韓国を抑え第1位である。第2に欧米以外で、いち早く母語での高等教育を実現し、教育・研究で高い成果を上げ、日本を成功に導いた。しかし、現在では、このことが国際化を遅らせている一因になっている。

令和時代は、第1に高等教育の国際化は一国の経済的成功に影響するので、学生に国際競争力をつける教育を提供しなければならない。第2に徹底的に個人に最適化した教育を提供しなければならない。

●平成は専門家、令和はアルゴリズム

令和時代においては、専門性の高いトレーニングを必要とし、不確実な状況下で意思決定をしなければならない職業（例えば、医療、教育）は、人間よりアルゴリズムを使ったほうが優れた結果が出る。

(1) 医　療

令和時代の医療は、医療記録が電子化され、アルゴリズムがあらゆるデータを参照しながら最適な治療法を見つける。

(2) 教　育

生徒・学生のパフォーマンス、教員のパフォーマンスに関するデータを活用することによって、マス教育の時代に失われてしまった、個人に合わせてカスタマイズされた指導を行うことができるであろう。デジタル本（電子教科書・電子参考書）を使用すると、生徒・学生が読ん

でいる間に、デバイスは生徒・学生が「いつ、どこで読んでいるのか」「どれだけ速く読めているか」のデータを収集・分析し、個人にぴったりの教材や指導速度を選択できるであろう。

第5章　日本の経済・政治

1　平成は郵政民営化、令和は「郵政完全民営化vs.郵政公社化」

●小泉純一郎の政治の原点は「反・田中角栄」：特定郵便局を潰す

平成13年（2001年）4月、小泉純一郎が内閣総理大臣に就任し、自民党・公明党・保守党による連立政権が誕生した。平成時代においては安倍晋三に次ぐ第2位の長期政権になった。

小泉純一郎は福田赳夫の秘書を経て、田中角栄政権（1972年7月～74年12月）下の1972年12月の衆議院総選挙で初当選した。「福田赳夫vs.田中角栄」は、佐藤栄作の後継者争いで、田中角栄がまず首相になった。小泉純一郎は清和会（福田派、安倍派、三塚派、森派）に所属し、政治の原点は「反・田中角栄」であり、「官から民へ」というスローガンを掲げながらも、本音は田中角栄の築き上げた「郵政事業（特定郵便局）」を潰すことを企図していた。

●小泉政権の一丁目一番地は「郵政民営化」

小泉政権の政策（行政改革）の一丁目一番地は「郵政民営化」であり、郵政民営化関連法案は、平成17年（2005年）7月衆議院で可決されたが、同年8月参議院で否決された。この結果を受けて、小泉純一郎は「郵政民営化の賛否を国民に問う」として、同年8月、衆議院を解散し、これは「郵政解散」と呼ばれている。郵政民営化に反対した自民党議員のうち、一部は自民党を離脱して、新党（国民新党・新党日本）を結成し、一部は自民党公認を得られず無所属になった。また、小泉純一郎は、郵政民営化に反対した国会議員の小選挙区すべてに対立候補（「刺客候補」）を送り込んだ。平成17年（05年）9月、郵政解散によって実施された衆議院総選挙では、自民党の議席数は237（49・37％）から296（61・66％）へ大幅に増え、同年10月、郵政民営化法案は可決・成立した。

●郵政民営化：日本郵政グループの誕生

平成19年（2007年）10月1日、日本郵政グループが発足し、郵政民営化が実現した。日本郵政グループは日本郵政、郵便事業、郵便局、ゆうちょ銀行、かんぽ生命保険からなっている。

●日本郵政グループは5社体制から4社体制へ再編：民主党政権による改正

平成21年（２００９年）７月、衆議院総選挙で民主党は３０８（64・16％）の議席数を得て、民主党第１党で民主党・社会民主党・国民新党による連立政権が誕生し、平成24年（12年）４月、郵政民営化法の改正案が可決・成立した。これによって、同年10月１日付で、郵便事業会社と郵便局会社は合併して「日本郵便株式会社」となり、日本郵政グループは５社体制から４社体制に再編された。

●令和は「郵政完全民営化vs.郵政公社化」

平成時代は郵政民営化であったが、平成から令和へ変わりつつある時代、郵政事業は「民有民営」ではなく「官有民営」である。

令和時代には「郵政完全民営化」を目指すというのが一般の見方であろうが、「公共インフラ」としての郵便局ネットワークが再評価されるにつれ、「郵政公社化」への逆戻りもありうるかもしれない。

２　昭和はイデオロギー、平成は「無党派」、令和はシルバー世代

● 昭和のイデオロギー対立vs.平成の「無党派」

平成元年（１９８９年）は「冷戦終結」の年である。１９８９年11月に「ベルリンの壁」が崩壊し、12月に米ソ首脳会談で冷戦終結宣言が出された。つまり、平成元年は「資本主義vs.社会主義」のイデオロギー論争が終わった年である。

昭和時代は「資本主義vs.社会主義」のイデオロギー対立の時代であったが、平成時代は、第１に政治的イデオロギーが失われ、有権者の政治的立ち位置が不明瞭になった。第２に党派性の優位が失われ、政党の政治的立ち位置が不明瞭になった。

平成から令和へ変わりつつある時代、支持政党アンケートを行うと、支持率が最も高い政党は現存のいかなる政党でもなく、「無党派」である。高齢世代は「支持政党あり層」であるが、若年世代は「支持政党なし層」である。

● 令和はシルバー民主主義

平成時代は年金・医療など社会保障に充てるための消費税（３％）導入から始まり、平成９年（１９９７年）介護保険法成立、消費税率３％から５％への引き上げ、平成16年（２００４

年）年金改革法（「１００年安心プラン」）成立、平成20年（08年）後期高齢者医療制度導入、平成24年（12年）社会保障・税の一体改革、平成26年（14年）消費税率５％から８％への引き上げ、平成30年（18年）全世代型社会保障の提唱があった。

一生涯を通じて、政府に支払った額（税金、社会保険料などの負担総額）と政府から受け取った額（社会保障給付、公的サービスなどの受給総額）の差を計算すると（『２００１年度年次経済財政報告』）、60歳代は５７１１万円の受け取り超過、20歳代は１３０９万円の支払い超過であり、世代間格差がある。

衆議院総選挙の投票率を平成の始まり（平成２年：90年）と終わり（平成29年：17年）で比較すると、平成の始まりでは60歳代87・２％、20歳代57・８％で差は29・４ポイント、平成の終わりでは60歳代72・０％、20歳代33・９％で差は38・１ポイントであり、日本の高齢化率はますます高くなるので、令和時代は政治が高齢世代を優遇するシルバー民主主義になるであろう。

３　平成は行政ミス、令和は続・行政ミス

●平成の厚生省のミス：薬害エイズ事件

平成８年（１９９６年）２月、第１次橋本龍太郎内閣（自民党・日本社会党・新党さきがけ

連立政権）で厚生大臣として入閣した菅直人は、薬害エイズ事件で厚生省の責任を認め、血友病患者に謝罪した。

● 平成の大蔵省・日本銀行のミス：接待汚職事件

平成10年（1998年）1～3月、大蔵省・日本銀行の接待汚職事件（「ノーパンしゃぶしゃぶ事件」）が起こった。大蔵省関係者6人、日本銀行1人が銀行・保険会社の接待を受け、大蔵省の検査、日本銀行の考査が甘くなったのではないかということから逮捕・起訴・有罪になり、三塚博・大蔵大臣と松下康雄・日本銀行総裁（平成6年12月～10年3月）が引責辞任した。

大蔵省の不祥事は大蔵省が財政と金融の両方についての強大な権限をもっているから起こったのであるとされ、それは大蔵省を「財政を担当する大蔵省」と「金融を担当する金融監督庁」に分離することにつながった。日本銀行から民間企業へ出ていた速水優が連れ戻され、金融恐慌前夜であったにもかかわらず、日銀総裁は優秀な松下康雄から、速水優（平成10年3月～15年3月）へ変わった。平成10年（98年）6月、総理府の外局として金融監督庁が設置された。民間金融機関に関する金融行政は大蔵省が担ってきたが、大蔵省・日本銀行の接待汚職事件を受けて、大蔵省銀行局・証券局の所掌事務のうち、民間金融機関の検査は金融監督庁に移行された。平成12年（２０００年）７月、金融監督庁は金融庁に改組された。金融制度の企画立案にかかる事務は、金融監督庁設立後も大蔵省に存置されていたが、改組を契機に金融庁へ移行された。

●平成は省庁再編

平成13年（２００１年）１月、中央省庁再編で１府12省庁体制になった。森喜朗内閣総理大臣の「自民党・公明党・保守新党」連立政権下で、縦割り行政による弊害をなくし、内閣機能の強化、事務・事業の減量、効率化のために、それまでの１府22省庁を、１府12省庁に再編した。

●平成の社会保険庁のミス：「宙に浮いた年金記録」

平成19年（２００７年）２月、「宙に浮いた年金記録」（年金記録漏れ）が見つかった。基礎年金番号が平成９年（１９９７年）１月に導入され、社会保険庁は翌平成10年（98年）度から平成18年（06年）度にかけて、年金手帳の基礎年金番号への統合を進めた。

社会保険庁改革関連法案の審議中に、社会保険庁のオンライン化したデータ（コンピュータ入力した年金記録）の中に、平成18年（06年）６月時点において、納付者を特定できない国民年金・厚生年金の納付記録（「宙に浮いた年金記録」）が５０９５万１１０３件（厚生年金番号約４０００万件、国民年金番号約１０００万件）あることが判明し、社会保険庁が年金記録をきちんと管理していないことが明らかになった。

年金記録漏れ問題（「宙に浮いた年金記録」「消えた年金記録」「消された年金記録」）は第１次安倍晋三内閣で起こり、「年金記録問題」は平成19年（07年）７月の参議院選挙、平成21年（09年）８月の衆議院総選挙で与野党の逆転（政権交代）を招いた原因の１つである。

● 平成の財務省のミス：「森友学園・加計学園（モリカケ）」問題

平成28年（２０１６年）６月、学校法人「森友学園」に国有地が払い下げられた。平成29年（17年）１月、学校法人「加計学園」は獣医学部を新設する「国家戦略特区」の事業者に選定された。森友学園については安倍晋三首相の昭恵夫人、加計学園については安倍晋三首相のそれぞれの個人的関係から官僚が「忖度した」のではという懸念が国会で追求された。

● 平成の厚生労働省のミス：統計作成軽視の問題

平成から令和に変わりつつある時代に、統計作成軽視の問題が出て来たが、平成19年（２００７年）に改正された統計法で、公的統計は「国民にとって合理的な意思決定を行うための基盤となる重要な情報である（中略）国民経済の健全な発展及び国民生活の向上に寄与する」（「統計法」第１条）と位置づけられた。質の高い統計は政策立案に重要な役割を果たすものであり、官庁が政策立案から離れたことが統計を軽視するようになった理由の１つである。

令和時代も引き続き行政ミスが起こるであろう。

４　平成は謝罪外交、令和は世界平和への貢献

●平成は謝罪外交

平成７年（１９９５年）８月15日、村山富一内閣総理大臣は、８月15日の「戦後50周年記念式典」に際し、「戦後50周年の終戦記念日にあたって」と題する声明（「村山談話」）を閣議決定し、発表した。

平成17年（２００５年）８月15日、小泉純一郎内閣総理大臣は、８月15日の「戦後60周年記念式典」に際し、「内閣総理大臣談話」（「小泉談話」「戦後60年談話」）を閣議決定し、発表した。

昭和20年（１９４５年）８月15日の終戦から70年経つ平成27年（２０１５年）８月15日の前日の８月14日、安倍晋三首相は戦後70年を迎えるにあたって、閣議決定に基づき「内閣総理大臣談話（「安倍談話」「戦後70年談話」）を発表し、「村山談話」「小泉談話」のキーワードとさ

れている「植民地支配」「侵略」「痛切な反省」「おわび」については、文言としては盛り込まれ、「(歴史認識に関する－引用者注) こうした歴代内閣の立場は、今後も、揺るぎないものであります。」と述べている。

● 平成は日本・韓国は同盟国、令和は日本・韓国は敵対国

韓国政治は「右派 vs. 左派」というよりは、「経済重視 vs. 安全保障重視」とみなす方が理解しやすい。韓国の基本は反日であると思うが、経済重視派は反日を横に置き、経済運営のために日本と協調する。安全保障重視派は親北朝鮮になり、反日・抗日を国のアイデンティーとする。

平成時代は、北朝鮮の核兵器問題をめぐって、日本・韓国は利害が一致していたので、日韓は同盟国であった。令和時代は、韓国・北朝鮮は統一をめざし、両国のアイデンティティは反日であるので、日韓は敵対国になるであろう。

● 平成は米軍・普天間基地問題

米国は第２次世界大戦戦勝国であり、「日本は敗戦国 vs. 米国は戦勝国」という中で、第１に平成７年（１９９５年）９月、沖縄県に駐留するアメリカ海兵隊員２名とアメリカ海軍軍人１名は12歳の女子小学生を集団強姦した「沖縄米兵少女暴行事件」が起こった。第２に平成８年

（96年）４月、クリントン米国大統領政権下、橋本龍太郎首相とＷ・Ｆ・モンデール駐日米国大使が沖縄の米軍・普天間基地（普天間飛行場）の全面返還で合意した。

●平成は沖縄にアメ

平成12年（２０００年）７月、九州・沖縄サミット（沖縄サミット、九州サミット）が開催された。７月21日から23日まで沖縄県名護市で、森喜朗内閣総理大臣を議長として、第26回主要国首脳会議が開催され、それは日本初の地方開催のサミットである。

●令和は世界平和への貢献

平成時代の日本は、第２次世界大戦敗戦国として、自虐史観、謝罪外交の繰り返しであったが、令和時代の日本は、自虐史観を払拭し、謝罪外交からの脱却を行い、世界平和へ貢献するための挑戦を行うようになるであろう。

５　平成はディフェンス、令和はアクティブ・ディフェンス

●平成は核兵器廃絶への願い、令和は核兵器開発競争

昭和20年（１９４５年）８月６日午前８時15分、アメリカ軍は広島市へ原子爆弾（核兵器

「リトルボーイ」）を投下した。

平成21年（２００９年）４月、アメリカ合衆国大統領のバラク・オバマはチェコの首都プラハを訪れ、プラハ演説の中で「アメリカは世界で唯一核兵器を使用したことのある核保有国として、行動を起こす責任があるとし、核兵器のない世界の実現に向け牽引する」と明言した。平成28年（16年）５月、オバマ大統領が被爆地「広島」を訪問した。

平成時代には核兵器廃絶への願いがあったが、令和時代には、「米国vs.中国」「米国vs.ロシア」の新冷戦下で核兵器開発競争が盛んになるであろう。

● 令和は「自律型致死兵器システム（ＬＡＷＳ）」

平成から令和へ変わりつつある時代、軍隊の指揮系統はＩＴに依存し、サイバー攻撃（電子戦）により敵軍の任務遂行能力を著しく低減できる。平成時代はディフェンス、令和時代はアクティブ・ディフェンスであり、「アクティブ・ディフェンス」は弾道ミサイルやサイバーによる攻撃を受ける前に相手の能力を失わせることである。

ＡＩ（人口知能）は将来の戦争のあり方を変える可能性を秘めている。各国は、自ら標的を見つけ、自らの判断で攻撃する「自律型致死兵器システム」の開発に取り組んでいる。令和時代以降に戦争が起こるとすれば、それは人間が関与しないものになるであろう。兵器が完全に人間のコントロールから離れたものになれば、戦争はまったく「人間の倫理」から離れたものになり、「自律型致死兵器システム」の開発によって、自律的に攻撃できる能力を持つようになるのは非人道的な殺人兵器を生むことになる。

第6章　日本の経済・社会

1　平成はビッグデータまで、令和はIoT、AI

●平成はデジタル革命：アナログからデジタルへ

平成元年（1989年）3月、世界をインターネットでつなぐウェブの概念が提唱され、平成は「アナログ」から「デジタル」へ変わりつつある時代であった。時計で言えば、アナログ時計は針で、デジタル時計は数字でそれぞれ表示され、アナログ量は連続量（秒針がないとして、現在の時刻は例えば「だいたい午後10時29分あたり」）、デジタル量は離散量（現在の時刻は例えば「午後10時29分05秒」）である。デジタル情報は「0、1」、すなわち「なし」と「あり」の2種類の記号だけで表され、コンピューティング技術と相性がよい。

●コンピューティング技術の進化：7つの波

コンピューティング技術は「メインフレーム（企業の基幹業務向けの大型コンピュータ）と

ミニコンピュータ」「パソコン」「インターネット（ウェブ１・０）」「クラウドとモバイルコンピューティング（ウェブ２・０）」「ビッグデータ」「ＩｏＴ（モノのインターネット）」「ＡＩ（人工知能）」と進化している。

平成時代は「ビッグデータ」までであり、令和時代に「ＩｏＴ（モノのインターネット）」「ＡＩ（人工知能）」が本格化するであろう。令和時代には、コンピュータは話しかけるだけで操作できるようになるであろう。

「ＩｏＴ」はあらゆるモノをネットにつなげる技術のことである。一方で欧米・中国のＩｏＴは「軽いＩｏＴ」と呼ばれ、「ネットの機能を拡張するために新しいモノ（ハード）を作る」ものであり、重心はソフトである。他方で日本のＩｏＴは「重いＩｏＴ」と呼ばれ、「ハードの機能を拡張するためにネットとつなぐ」ものであり、重心はハード（インフラや工場の自動化など）である。

「メインフレーム（企業の基幹業務向けの大型コンピュータ）とミニコンピュータ」はＩＢＭが半導体もソフトウェアもすべて作っていた時代、「パソコン」はマイクロソフトの時代、「クラウドとモバイルコンピューティング（ウェブ２・０）」はＧＡＦＡ（グーグル、アップル、フェイスブック、アマゾン・ドット・コム）の時代である。

●ＧＡＦＡ

「ＧＡＦＡ」は米国の大手ネット企業として一括されているが、ビジネス内容は異なる。平成から令和に変わりつつある時代に、各社事業は成熟化し、それに伴って「ＧＡＦＡ内競争」が激化しつつある。すなわち、ＧＡＦＡは平成時代には異なる主力分野で利益を稼ぎ出していたが、平成から令和に変わりつつある時代の中で、主力市場の成熟化に伴い他社の領域に進出しつつある。例えば、ＧＡＦＡの中での「アップル」の位置付けはハード（ｉＰｈｏｎｅ、ｉＰａｄ、Ｍａｃ、Ａｐｐｌｅ Ｗａｔｃｈなどのアップル製品）であり、ｉＴｕｎｅｓ（音楽配信）、ｉＣｌｏｕｄ（データ保存サービス）、Ａｐｐ Ｓｔｏｒｅ（アプリの販売）などのサービスを提供しているが、一世を風靡したアップル製品の失速に対する焦りから、令和時代に、アップルは、アップルＴＶ＋（定額制動画配信）、アップルニュース＋（定額制のニュース配信）、アップルアーケード（定額ゲーム配信）、アップルカード（クレジットカード）などの新しいサービスを始める。

●令和は量子コンピュータ

コンピュータ・チップは「ムーアの法則」に従って進歩を遂げてきたが、コンピューティング革命は終わっていない。令和は量子コンピュータの時代であり、量子コンピューターの処理速度はスーパーコンピューターの1億倍、消費電力はスーパーコンピューターの５００分の１である。例えば、令和時代には、第1に、量子コンピューター理論を応用し、リアルタイムに車1台ごとの最適経路を導き出し、交通渋滞を解消することができるようになる、第2に、ＡＩ（人口知能）で交通渋滞の予測精度を高めることができるようになる。

● 令和の2つのデジタル経済：データを利用する側 vs. データを利用される側

令和時代の経済はデジタル技術によって大きく変わるであろう。令和時代は次のいずれかの「デジタル経済」になるであろう。

(1)　経済格差を生むデジタル経済：データの主権は「データを利用する側」

データはプラットフォーマーによって集中管理され、デジタル技術は市民を抑圧する手段になりやすい。データの主権は「データを利用する側」にあり、「データを利用する側」と「データを利用される側」の間に経済格差を生む。

(2)　経済格差を生まないデジタル経済：データの主権は「データを利用される側」

データに対する主権は「データを利用される側」にある。蓄積されたデータに市民がアクセスできる機会が均等であれば、「データを利用する側」と「データを利用される側」の間に経済格差を生まない。

２　平成は機械が人に従い、令和は人が機械に従い

●令和27年（2045年）の「シンギュラリティー（技術的特異点）」

米国の未来学者レイ・カーツワイルは、ＡＩ（人工知能）が人類の知能を超える「シンギュラリティー（技術的特異点）」が令和27年（２０４５年）に到来すると予測している。「ＡＩ」はデータから学習し、予測を立てられるアルゴリズムを創る。「シンギュラリティー（技術的特異点）」の波がいち早く押し寄せているのが金融・証券市場である。

●平成は機械が人に従い、令和は人が機械に従い

「シンギュラリティ」以前では機械が人に従順であるが、「シンギュラリティ」以後では人が機械（超知的機械）の下位の種として位置付けられ、従属させられる。

しかし、「シンギュラリティ」に到達すると、ＡＩベースの超知的機械はつねに人間より賢いのであろうか。人間には賢い人も、賢くない人もいるのに、超知的機械はすべて賢いのであろうか。マイクロソフトのＡＩベースのチャットロボット「テイ」は邪悪なおしゃべりロボットにすぎず、ＡＩが機械学習をするときに、「邪悪なこと」を学べばＡＩは邪悪になり、「馬鹿なこと」を学べばＡＩはバカになる。

●平成は機械が人に合わせる、令和は人が機械に合わせる

平成時代は機械を人に合うように調整した。令和時代は「人工知能（ＡＩ）」の時代であり、ＡＩが成功するためには、人間がＡＩに親和性の高い環境、すなわちスマート・テクノロジーにとって居心地のよい環境を整備しなければならない。

環境整備の牽引役はインターネットが当たり前の環境で育った20～30代の「ミレニアル世代」である。令和時代においては、人がＡＩに合わせるのであり、その逆ではない。ＡＩによって人間の環境が決まり、人間はそれが最適だからという理由で、そうした環境に適応せざるを得なくなる。

３　平成は2Ｇ～4Ｇ、令和は5Ｇ：移動通信システム

●家電・技術見本市（ＣＥＳ）の主要テーマ

世界最大の家電・技術見本市（ＣＥＳ）は時代の先端を映している。ＣＥＳの主要テーマは１９７０年代ＡＶ機器、80年代パソコン、90年代携帯電話、２０００年代デジタル家電、05年代スマートフォン、10年代ロボット、17年ＡＩ、18年自動運転、19年５Ｇ（超高速の次世代無線通信システム）であった。

●移動通信システムの発展：昭和は1G、平成は2G〜4G、令和は5G

移動通信システムは、第1世代（1G：1980年代）（各国毎に別々のアナログ方式による音声サービス）、第2世代（2G：平成5〜24年）（各国毎に別々のデジタル方式によるメール、インターネット接続サービス）、第3世代（3G：平成13年〜、3・5G：平成18年〜、3・9G：平成22年〜）（世界標準のデジタル方式によるメール、インターネット接続、音楽、ゲーム、映像配信サービス）、第4世代（4G：平成27年〜）（LTE－Advancedによるメール、インターネット接続、音楽、ゲーム、映像配信、動画サービス）と発展し、平成時代の高速通信規格は2G、3G（3G、3・5G、3・9G）、4Gであり、4Gの高速通信速度は携帯電話をスマートフォンに進化させた。令和元年（2019年）は「第5世代（5G）元年」と言われている。

●令和は5G（超高速の次世代無線通信システム）

「G」はジェネレーション（世代）の頭文字で、平成時代の移動通信システムの規格は、2G（平成5年）、3G（平成13年）、4G（平成27年）と世代交代してきた。

令和元年（2019年）は「5G元年」と言われ、「5G」は大容量のデータを瞬時に送受信できる第5世代の通信規格である。令和2年（20年）には携帯4社が5Gの商用サービスを開始するであろう。５Ｇの周波数帯は高く、幅広い帯域を確保しやすく、通信容量を大きくできるので、第1に5Ｇの通信速度は４Ｇの通信速度の１００倍であり、1平方キロメートル当たり１００万台の端末と同時につながるので、あらゆるモノがネットにつながる「ＩｏＴ」の基盤として期待されている。第2に5Ｇの通信の遅れは４Ｇと比べて約10分の1になり、自動運転や遠隔医療などに利用されることが期待されている。第3に5Ｇは人を「場所」の制約から解放するので、建設機械などの遠隔操作により、令和時代版の「多能工（1人何役）」を生むことができ、人手不足を解消することが期待されている。

●令和はIoT（インターネット・オブ・シングス）

５Ｇは「ＩｏＴ（インターネット・オブ・シングス）」の基盤として期待され、ＩＴ（情報技術）と縁の薄かった産業に変革を促すであろう。ＩｏＴは、コンピュータ・チップをあらゆるモノに埋め込み、家電、自動車、企業設備など様々なものがインターネットにつながった仕組みのことである。ＩｏＴは、インターネットを介して大量のデータを収集・分析し、利便性の高いサービスの開発に活用したり、オフィスや工場の生産性を高めたりできると期待されている。ＩｏＴの時代になると、消費者・企業が使う機器やその近くで情報を処理する必要性が増し、情報をクラウドに送らないで身近な機器で処理できる。

● 平成は通信サービス、令和は総合的なデジタルサービス：携帯電話

平成から令和へ変わりつつある時代、「携帯電話」について、第１に通信料金と端末販売代金の完全分離、つまり「通信サービス」と「端末」は分けて販売されるようになり、携帯電話の複雑な料金の仕組みが改善され、「通信サービス」料金は引き下げられる。第２に通信速度は上がる。

平成時代は携帯電話会社は通信サービスを行い、令和時代は携帯電話会社は総合的なデジタルサービスを行うであろう。令和時代の携帯電話会社の競争は、通信サービスに加えて、動画などのコンテンツの配信、インターネット通信販売、ポイントといった総合的なデジタルサービスについての戦いになる。

● 携帯電話からスマートフォン（スマホ）へ

３Ｇから４Ｇへの変化は「携帯電話」を「スマートフォン」に進化させた。米アップルのスマートフォン（スマホ）「ｉＰｈｏｎｅ（アイフォーン）３Ｇ」は、リーマン・ショックによる株価下落と信用収縮から消費が冷え込んでいるときに登場した。スマホの広がりはデジタル分野で日本が後れをとるきっかけになった。

●令和は「ポスト5G」に向けた共同研究

平成31年・令和元年（２０１９年）に「５Ｇ」サービスの商用化が始まりつつある。韓国の通信大手ＫＴが平成31年４月２日に世界初のスマートフォン向け「５Ｇ」サービスを、米国通信大手ベライゾン・コミュニケーションズが同月11日からスマートフォン向け「５Ｇ」サービスを始めた。令和２年（20年）末には、主要20カ国・地域（Ｇ20）のうち17カ国が「５Ｇ」サービスの商用化を始める。

平成の始まりと終わりでは、通信速度は約1万倍に達し、平成から令和に変わりつつある時代（２０１８～20年）に、世界では次世代通信規格「５Ｇ（第5世代）」の普及が始まり、５Ｇ製品の製造に欠かせない標準必須特許出願シェアは中国34・02％、韓国25・23％、米国14・0％、日本5・0％で、中国が最大である。

５Ｇの技術開発で中国は存在感を増しているので、日本と欧州の産官学は協力して、次々世代通信規格「ポスト５Ｇ」に向けた共同研究を始めようとしている。「ポスト５Ｇ」の通信速度は４Ｇの１０００倍以上、５Ｇの10倍以上である。５Ｇは中国などが大きく先行しているが、日本・欧州は「ポスト５Ｇ」で巻き返しを狙っている。

4　平成は百貨店・スーパー・コンビニ、令和は電子商取引

●平成は大型リアル店舗販売：改正大店法の施行

平成４年（１９９２年）１月、「改正大店法」が施行された。「大店法」の正式名称は「大規模小売店舗における小売業の事業活動の調整に関する法律」（昭和48年（73年）10月制定）であり、百貨店、量販店などの大型店（大規模小売店舗）の出店調整（開店日、店舗面積、閉店時刻、休業日数）の仕組みを定めている、実体は、地域の中小小売業者を保護するための法律である。外資系流通業が相次いで日本へ進出してくる中、世界基準に沿った出店の仕組みが求められるようになり、同法は平成10年（98年）に廃止された。同法の廃止を受け、「まちづくり三法」が整備された。

●「まちづくり三法」：「中活法」、「改正都市計画法」、「大店立地法」

「中心市街地活性化法（中活法）」「改正都市計画法」「大規模小売店舗立地法（大店立地法）」は一括して「まちづくり三法」と呼ばれている。「中活法」は中心市街地の空洞化を食い止め活性化を支援するものであり、「都市計画法」はゾーニング（土地の利用規制）を促進するためのものであり、「大店立地法」は生活環境への影響の観点から大型店出店の新たな調整の仕

組みを定めたものである。「中活法」「改正都市計画法」は平成10年（１９９８年）、「大店立地法」は平成12年（２０００年）それぞれ施行された。それらは中心市街地の活性化に向けた、商店街へのテコ入れをねらったものである。

● 平成は百貨店の経営統合：「阪急阪神百貨店」、「大丸松坂屋百貨店」

平成17年（２００５年）10月、村上ファンド（村上世彰代表）は阪神電気鉄道の株式の３分の１以上を買い占めた。苦境に立った阪神電気鉄道は阪急ホールディングスに支援を求め、阪急ホールディングスは阪神電気鉄道株式のＴＯＢ（公開買い付け）を行い、平成18年（06年）6月、ＴＯＢは成立した。平成19年（07年）10月、第1に阪急百貨店は阪神百貨店の全株式を取得して、第2に阪急百貨店は百貨店事業を分割して「阪急百貨店」を設立し、第３に阪急百貨店は共同持株会社「エイチ・ツー・オー・リテイリング」になった。エイチ・ツー・オー・リテイリングの下に、事業会社としての「阪神百貨店」と「阪急百貨店」がぶら下がった。平成20年（08年）10月、「阪急百貨店」は「阪神百貨店」を吸収合併して「阪急阪神百貨店」となった。

平成19年（07年）３月、大丸と松坂屋ホールディングスは経営統合に合意し、同年9月に共同持株会社「Ｊ・フロントリテイリング」を設立した。平成22年（10年）３月、経営統合の総仕上げとして、「大丸松坂屋百貨店」を設立した。

● リアル店舗のデジタル化

平成はリアル店舗（実際の店舗）の時代であるが、平成から令和へ変わりつつある時代、リアル店舗はデジタル化へ踏み出している。すなわち、商品に「無線自動識別機能をもつＩＣタグ」を付け、「無人レジ」「需給（販売状況、季節など）に応じて価格を柔軟に変える（ダイナミックプライシング）の自動化」を行い、また「デジタルサイネージ（電子看板）とセンサーを活用した、来店客１人ひとりに合った販売促進」を行いつつある。また、タブレット端末型のＰＯＳ（販売時点情報管理）レジを導入し、端末１台を持ち運び、在庫の確認から接客時の商品提案、キャッシュレス決済を行いつつある。

● 平成はリアル店舗販売、令和は電子商取引（ネット販売）

平成時代はリアル店舗販売であるが、平成から令和へ変わりつつある時代、リアル店舗の勝ち組とみなされてきたコンビニ（コンビニエンスストア）は急減速し、コンビニはドラッグストアによって取って代わられつつある。というのは、ドラッグストアは、一方で売上高利益率の高いドラッグ（医薬品）で利益を得て、他方でその利益を原資として日用品（コンビニ商品）の安売りを行うことができるからである。
令和時代は電子商取引（ネット販売）であろう。

5　平成は消費者保護、令和は消費者主権

●平成は消費者保護の時代、令和は消費者主権の時代

平成は消費者保護の時代、令和は消費者主権の時代である。平成から令和へ変わりつつある時代、「個人消費」は次のように変わろうとしている。

(1) 平成時代は「モノ消費」であり、令和時代は「コト消費」であろう。

(2) 平成時代は宣伝・広告消費であり、令和時代はＳＮＳ消費であろう。個人消費は、平成時代は企業による宣伝・広告によって、令和時代はＳＮＳ（交流サイト）によって影響を受ける。令和は、個人の体験に共感が集まる時代であり、ＳＮＳ（インスタグラム、ツイッターなど）が消費に強く影響する時代である。

(3) 令和はエシカル（倫理的）消費の時代である。「持続可能性（サステイナビリティー）」はあらゆる企業にとって最重要の課題である。令和時代の企業は、第1に「ＥＳＧ（Ｅ（環境）、Ｓ（社会）、Ｇ（ガバナンス））投資」基準により投資家によって選別され、第2にエシカル（倫理的）商品により消費者によって選別されるであろう。

(4)　平成時代は所有であり、令和時代は利用であろう。モノ・サービスは「所有」から「利用」へ変わりつつある。シェアリングエコノミー（シェア経済）は「スマートフォン（スマホ）」「ＡＩ（人工知能）」といった２つの技術の登場で一気に広まりつつある。

●平成の企業は「売り切り」、令和の企業は「脱・売り切り」

平成時代の企業は「売り切り」、すなわち財貨を販売すれば完了という時代である。平成は財貨の「売り切り」競争時代であり、日本の製造業は財貨の価格競争で劣勢になると、品質競争に活路を見出そうとしたが、アジア勢に追い上げられている。

令和時代の企業は「脱・売り切り」、すなわち「財貨＋サービス」のセット販売の時代であり、財貨を販売したあとでアフターサービスを行う時代である。令和時代は日本の製造業は財貨単体の競争を避け、デジタル技術を使って、財貨の販売後もアフターサービスで顧客との結び付きを強めようとするであろう。製造業（素材メーカーを含める）はデジタル技術の進化で顧客が最終製品を使う場面まで接点を持ち続けることができるであろう。

6　平成は男性雇用、令和は「高齢者＋女性＋外国人」雇用

●定年制度の存在理由：35歳以下「賃金＜生産性」、35歳以上「賃金＞生産性」

定年（停年）制度はなぜあるのか。35歳以下は「賃金＜生産性（働きぶり）」、35歳以上は「賃金＞生産性（働きぶり）」であり、企業から見れば、35歳以下の従業員に対しては過小支払い、35歳以上の従業員に対しては過大支払いである。「過小支払い額＝過大支払い額」になるように定年制度が設けられているのであり、それが定年60歳を前提にしたものであれば、定年を60歳から65歳、さらには70歳と引き上げることは、「過小支払い額＜過大支払い額」になってしまう。

●定年停止・定年延長

定年制はある年齢（例えば60歳、65歳）での強制的な雇用終了である。日本の賃金制度は、終身雇用を前提として、企業から見て、35歳以下の従業員に対しては過小支払い、35歳以上の従業員に対しては過大支払いであるといった「後払い型」である。

定年停止・定年延長は企業にとっては賃金体系の問題である。平成時代は、定年制を維持したうえで、一度それまでの無期雇用契約をご破算にして、新たな雇用契約を結び直し、賃金水

準を大幅に引き下げるという「継続雇用」制度であった。しかし、「継続雇用」制度は、一方で定年前と仕事内容が同じであれば、賃金水準の大幅引き下げは従業員のモチベーション（動機づけ）の低下をもたらし、他方で賃金水準の大幅引き下げを行うとすれば、定年前とは仕事内容を変えなければならず、従業員のモチベーション（動機づけ）の低下をもたらす。

●平成は継続雇用、令和は年齢差別禁止

90歳まで生きる人の割合は、平成の始まり（平成2年：１９９０年）は男性11・7％、女性26・２％、平成の終わり（平成29年：２０１７年）は男性25・８％、女性50・２％である。日本は平均寿命・健康寿命で長寿国であり、高齢者の就業意欲は高い。高齢者の就業を促進するために、平成時代は継続雇用であったが、令和時代は年齢差別禁止であろう。令和時代は定年制を廃止、つまり年齢差別を禁止したうえで、企業はおおむね「賃金＝生産性（働きぶり）」になるように時間にわたって賃金水準を調整するであろう。

●生産年齢人口と外国人労働者

平成から令和へ変わりつつある時代、平成30年（２０１８年）12月に成立した「改正出入国管理法」が平成31年（19年）４月に施行され、外国人労働者の受け入れは拡大し、働く現場の

風景は変わりつつある。

生産年齢人口は平成22年（10年）８１７３万人、２０３０年６８７５万人、外国人労働者数は平成22年（10年）64・９万人、２０３０年２０９万人であり、生産年齢人口の減少は外国人労働者の受け入れ増を上回っている。

外国人労働者の受け入れは日本の宗教観をして試練にさらすであろう。政教分離は近代化の不可欠な要素であるが、日本の宗教観と世界の大多数の国の宗教観は異なっている。世界の大多数の国は一神教（キリスト教、イスラム教、ユダヤ教）であり、宗教は国家の制定する法を超越する神の啓示した法に依拠すると認識されている。一神教は人間社会の基本単位の秩序を定める法を示し、信者に政治共同体の紐帯を提供している。日本は宗教に対して寛容であり、世俗主義である。

●正規雇用 vs. 非正規雇用

国税庁の民間給与実態統計調査によれば、平均給与は、平成時代の始まり（平成２年：１９９０年）４２５万円、終わり（平成29年：２０１７年）４３２万円で、平成時代の平均給与はほとんど変化していない。

日本の就労者のうち、終身雇用を前提とした正規雇用労働者の割合は、平成時代の始まりは

80％、平成時代の終わりは60％くらいである。正規雇用労働者の割合の低下（非正規雇用労働者の割合の上昇）は、第１に企業は非正規雇用（短期雇用労働者）の訓練に投資しないので、労働者のスキルと生産性が伸び悩む、第２に世帯所得が低水準にとどまり、個人消費は上向かない、第３に「正規雇用 vs. 非正規雇用」は社会を分裂させる。

●平成は男性労働者、令和は女性労働者

女性の４年生大学進学率は、昭和から平成へ変わる時代は12～15％、平成から令和へ変わる時代は50％である。平成から令和に変わりつつある時代に、２０１８年の女性就業率は全年齢ベースで50年ぶりに50％を超えた。女性就業率上昇の原因は「人手不足」「育児と両立しうる働きやすい環境づくり」と言われているが、私は夫婦共働きをしないと生計が成り立ち得ない家計になったからであると思う。

平成から令和へ変わりつつある時代、未就学児を持つ非就労の母親の60％が働きたいと考えている。令和元年（19年）10月、幼稚園・保育所に通う３～５歳のすべての子供と、保育所に通う０～２歳の住民税非課税世帯の子供は幼稚園・保育所にかかる費用が無料になる。無償化は女性の就労支援と少子化対策が狙いであり、女性の就労が増えると、子育て世帯の収入が増大し、少子化の一因である経済的不安が解消される。

日本の経済社会の主要な担い手は、平成時代は男性、令和時代は女性である。

7　平成は株主（資本家）重視、令和は従業員（労働者）重視

●企業から見たキャッシュフロー

企業から見たキャッシュフローは、事業プロジェクトへの投資は「投資活動によるキャッシュフロー」、事業プロジェクトからの回収は「営業活動によるキャッシュフロー」とそれぞれ呼ばれ、投資家（債権者、株主）からの資金調達と投資家（債権者、株主）への分配は一括して「財務活動によるキャッシュフロー」と呼ばれている。

平成20年（２００８年）のリーマンショック以降、「『営業活動によるキャッシュフロー』（投資の回収）＞『投資活動によるキャッシュフロー』（投資）」であり、企業の事業プロジェクト運営はすこぶる良好である。「『営業活動によるキャッシュフロー』（投資の回収）＞『投資活動によるキャッシュフロー』（投資）」、つまりフリーキャッシュフローがプラスであるので、企業は投資家（債権者、株主）とくに株主に対して、配当・自社株買いの形で、事業プロジェクト運営の成果を還元している。

●平成はモノとカネ重視、令和はヒトと情報（データ）重視

事業プロジェクト運営のための投入資源はヒト、モノ、カネ、情報（データ）であり、事業が平成のアナログ時代から令和のデジタル時代になると、モノとカネ重視からヒトと情報（データ）重視へと変わる。

平成はモノとカネ重視の時代であり、一方で物的資本への投資を行い、他方で配当増・自社株買いを行っていた。令和はヒトと情報（データ）重視の時代であり、デジタル時代の競争力を左右する人的資本への投資（学校教育、社内教育など）を行い、優秀な人材を集めるために賃金を大幅に引き上げる時代である。

平成は労働分配率が低下、資本分配率が上昇した時代であったが、令和は逆に労働分配率が上昇、資本分配率が低下する時代であろう。

実質ＧＤＰ＝（実質ＧＤＰ／就業者）×（就業者／人口）×人口

であるので、

実質ＧＤＰの成長率＝労働生産性（ＧＤＰ／就業者）の伸び率＋労働参加率（就業者／人口）の伸び率＋人口の伸び率

である。

昭和時代の高度成長期の昭和31年（１９５６年）～昭和40年（65年）の実質ＧＤＰ成長率は

８・60％、労働生産性伸び率は７・28％、労働参加率伸び率は０・36％、人口伸び率は０・96％であり、平成時代の平成18年（２００６年）～平成27年（15年）の実質ＧＤＰ成長率は１・06％、労働生産性伸び率は１・16％、労働参加率伸び率は０・03％、人口伸び率は－０・11％であり、昭和時代の高成長率と平成時代の低成長率の差はもっぱら労働生産性伸び率の差によるものである。

平成時代の日本は、労働生産性が低いので、企業経営者は賃金引き上げを躊躇し、賃金の引き上げが行われないと、労働者の勤労意欲が低下し、さらに労働生産性を低下させるという悪循環に陥っている。

平成は、技術革新が停滞しているだけでなく、人的資本が蓄積されないため生産性が高まらず、ますます賃金が上がりにくくなる悪循環の時代であった。昭和時代の日本企業は若い人を雇って社内訓練していたが、平成時代は長引く不況で新規採用を削り続けた結果、熟練労働は継承されず、人的資本の蓄積は進まなくなった。令和は逆に人的資本を蓄積することによって生産性を高め、それによって賃金を引き上げ、さらにそれが人的資本の蓄積をもたらす好循環の時代になるであろう。

8　平成の経営者報酬は序列処遇型、令和の経営者報酬は誘因型

●平成の経営者報酬は序列処遇型、令和の経営者報酬は誘因型

時代の流れは日本企業のグローバル化であり、米国化である。米国では経営者報酬は経営者の価値を表す指標であり、将来に向けた誘因（インセンティブ）である。

日本の平成時代の経営者報酬は社内序列の指標であり、株主総会をにらんだ報酬総枠内での調整結果であり、過去の処遇指標であった。それは自社の経営者報酬水準が業界内で突出するのを避け、従業員給与との格差が拡大し過ぎないように配慮されたものである。

令和時代の経営者報酬は、外国籍の有能な経営人材を獲得するための、将来に向けた誘因（インセンティブ）型であろう。

●平成は内部経営者、令和は「内部経営者vs.外部経営者」

問題の根幹は日本企業の人事評価・経営者報酬が「内部経営者vs.外部経営者」で整合性がとれていないことであり、日本の企業は、内部経営者の選抜を忠実性や人脈などを重視して行い、外部経営者の選抜を実績と技能などを重視して行っている。

平成時代の経営者は「生え抜き」、つまり内部経営者である。企業の人事は年功序列型であ

り、他の企業で育った人は違う「遺伝子」を持っていると見られていた。

令和時代の経営者は実績と技能のあるプロの経営者であり、それは内部市場、外部市場から選ばれるであろう。

第2編

海外の経済・政治・社会
―平成時代から令和時代へ

第7章　海外の経済・政治

1　平成は「英米のアングロサクソン型資本主義vs.日独のライン型資本主義」、令和は「民主資本主義vs.国家資本主義」

●平成は「資本主義vs.共産主義・社会主義」の終結：「米国vs.ソ連」の冷戦終結

平成元年（１９８９年）は「東西冷戦終結」の年である。平成元年11月に東西ドイツを隔てていた「ベルリンの壁」が崩壊し、12月に米ソ首脳会談（マルタ会談）で東西冷戦終結宣言が出された。平成３年（91年）12月25日、ミハイル・ゴルバチョフはソビエト連邦大統領の辞任を表明し、翌12月26日、ソ連最高会議共和国会議でソ連の消滅を確認した。つまり、超大国ソ連が崩壊した。平成時代は米国一極体制であり、米国は民主主義・自由主義・資本主義の国である。

「米国vs.ソ連」の冷戦は、第1に二大軍事大国間の緊張であり、第2に2つのイデオロギー（「自由主義vs.マルクス・レーニン主義」、「資本主義vs.共産主義・社会主義」）の間の戦いであった。米国は西側経済圏の中心であり、ソビエト連邦は東側経済圏の中心であり、両経済圏の間には交流はなかった。

●平成は「英米のアングロサクソン型資本主義vs.日独のライン型資本主義」

米国を中心とする西側陣営は「資本主義vs.共産主義・社会主義」の対立でソ連を中心とする東側陣営に勝利し、「これからの世界は『資本主義vs.共産主義・社会主義』の対立ではなく、『英米のアングロサクソン型資本主義vs.日独のライン型資本主義』の対立に変わる」と言われ、「英米のアングロサクソン型資本主義vs.日独のライン型資本主義」の対立は英米のアングロサクソン型資本主義の勝利に終わった。

●米国の中国への経済支援：「関与政策（エンゲージメント）」

平成元年（１９８９年）は、一方で6月に中国で「天安門事件（六四天安門事件）」が起こり、他方で11月に「ベルリンの壁」が崩壊し、12月に米ソ首脳会談で冷戦終結宣言が出された。つまり、平成元年は、一方で中国の民主化に向けた政治改革が挫折した年であり、他方で米国・ソ連の冷戦が終結した年である。

ソ連・中国は共産主義・社会主義の国であり、「米国vs.ソ連」の冷戦終結を踏まえ、米国は中国を民主主義化しようとした。米国は「中国が経済発展し、国民生活が豊かになれば、民主化を求める政治改革が行われるであろう」ことを期待して、中国の経済成長を支援するという「エンゲージメント」を行った。

米国が中国へ経済支援（「関与政策（エンゲージメント）」）したのは、第１に経済支援は民主化をもたらすはずであるという信念、第２に米国の経済覇権・技術覇権・軍事覇権・国際秩序覇権は崩れることはないという自信、によるものであった。

●習近平は「中国共産党の核心」：権威主義

習近平は自らを「中国共産党の核心」と位置付け、歴代の「中国共産党の代表（毛沢東など）」より格が上であるとし、中国共産党一党支配を堅持するための情報統制を強化している。また、東シナ海・南シナ海で軍事プレゼンスを高め、一帯一路で軍事同盟国作りを始めている。

民主主義は自由で公正な選挙を通じて統治者を決める制度であり、権力奪取の「正統性」と権力行使の「正当性」があってはじめて機能する。習近平は権威主義者であり、権威主義（強権政治）は民主主義の不在を意味する。独裁色を強める政治制度は、第１に資源配分を歪める、第２に生産性の伸びを阻害する、第３に技術革新の速さを遅くする、第４に実質ＧＤＰの伸びを阻害する。

●令和は「民主資本主義 vs. 国家資本主義」：「米国 vs. 中国」の新冷戦

平成時代は米国一極体制であったが、令和時代は米国・中国間の覇権争いである。「米国 vs. 中国」の新冷戦は、第１に米国は軍事大国であり、中国は軍事大国ではないということから、二大軍事大国間の緊張ではない、第２にＧＤＰ世界第１位米国と第２位中国の間の経済覇権の緊張であり、第３に２つの経済システム（民主資本主義 vs. 国家資本主義）の間の対立である。米国と中国は互いが最大の貿易相手国であり、両経済圏は密接に絡み合っている。

●米国社会の「民主化しない中国」に対する怒り：ペンス副大統領

平成29年（２０１７年）１月、ドナルド・ジョン・トランプが第45代アメリカ合衆国大統領に就任した。「米国 vs. ソ連」の冷戦で「封じ込め」という政策を提唱した米国の外交官ジョージ・ケナンは「民主主義国はなかなか挑発に乗らないが、ひとたび挑発が許せないとなると『怒りで戦う』」という趣旨のことを言っているが、２０１８年10月４日の米国ペンス副大統領の「米国は中国の民主化を促進するための経済支援（「関与政策（エンゲージメント）」）をしない」という講演は、米国社会の「民主化しない中国」に対する「怒り」が一挙に爆発したものであった。

2　平成は米国の覇権、令和は米国・中国間の覇権争い

●覇権：「米国による国際秩序維持 vs. 多国間主義に基づく国際秩序維持」

大英帝国は覇権拡大のために「通信」を利用した。英国資本の企業は大陸を結ぶ国際通信網の敷設に邁進し、世界の情報をいち早くロンドンに集め、大英帝国は覇権を拡大することができた。

米国の覇権を支えているのは「米ドル」と「メールサービス」である。米ドルが国際通貨であるので、世界の金融取引はニューヨークを介すことになる。米企業が世界のメールサービスを提供しているので、米国検察当局は捜査権があると主張できる。米国は「米ドル」と「メールサービス」を提供していることから、各国企業の経営に米国のやり方を押し付ける特権を有している。

平成時代は「パックス・アメリカーナ（米国による平和）」つまり、米国が世界の秩序と平和を維持したが、令和時代は誰が国際秩序の維持を担うのであろうか。「米国による国際秩序維持 vs. 多国間主義に基づく国際秩序維持」のいずれであろうか。中国・ロシアは権威主義国家であり、世界秩序・平和を維持する先導役にはなりえない。

● 令和は米中の経済覇権の衝突

平成31年・令和元年（２０１９年）時点で、為替レート（ドル・人民元交換レート）を用いてＧＤＰ（国内総生産）を比較すると、米国は世界第1位、中国は世界第2位である。しかし、購買力平価（米国物価・中国物価の比率）を用いてＧＤＰ（国内総生産）を比較すると、中国が世界第1位、米国が世界第2位である。

経済成長率と貿易伸び率の相関は高く、中国は米国、日本、韓国、インドを含む53カ国・地域で最大の貿易相手国、米国は37カ国・地域で最大の貿易相手国であり、中国が世界第1位、米国が世界第2位の貿易大国である。米国と中国は経済覇権を巡って対立している。

２０１０年代に入ると、第1に中国は経済発展し、国民生活が豊かになったが、民主化を求める政治改革はいまだ行われていない、第2に中国の習近平国家主席は米国の経済・技術・軍事・国際秩序の覇権をひっくりかえそうとしている。

● 米中の安全保障（軍事）覇権の衝突

平成31年・令和元年（２０１９年）時点の世界レベルで、米国・ロシアは軍事大国であるが、中国は軍事大国ではない。しかし、第1に米国が関与しなければ、アジアでは、中国は軍事大国である、第2にサイバー戦争では、米国と中国はともに大国である。

●米中の国際秩序覇権の衝突

中国の公式イデオロギーは「マルクス主義」であるが、米中の対立は「自由主義vs.マルクス・レーニン主義」「資本主義ｖｓ.共産主義・社会主義」ではない。米中の対立は２つの経済システム（２つの国際秩序：民主資本主義vs.国家資本主義）をめぐるものであり、２０１７年の中国共産党大会で、習近平総書記（国家主席）は「中国の特色ある社会主義の道・理論・制度・文化が絶えず発展を遂げ、発展途上国の現代化への道を切り開き、発展の加速だけでなく自らの独立性の維持も望む国々と民族に全く新しい選択肢を提供し、人類の問題の解決のために中国の知恵、中国の案を出している。」と述べている。

中国は２０１８年３月の全国人民代表大会（全人代、日本の国会に相当）で憲法を改正して国家主席の最大５年、２期の任期を廃止したが、米国はこれを「中国は絶対に民主化のための政治改革を行わない」という宣言であるとみなし、これを踏まえた２０１８年10月４日のペンス副大統領の講演は「米国は中国の民主化を促進するための経済支援（「関与政策（エンゲージメント」）をしない」というものであった。

米中の国際秩序覇権をめぐる対立は「自由・民主主義vs.権威・独裁主義」である。

●米中の技術覇権の衝突

米国は中国の民主化を促進するための経済支援（エンゲージメント）を行い、中国は２００１年のＷＴＯ加盟により「世界の工場」と化し、生産大国になった。中国の生産大国化は安価な労働力に支えられたものであったが、習近平下の中国は、労働力供給の限界の中で、高生産性・高付加価値をねらって、「中国製造２０２５」により製造強国を目指している。「中国製造２０２５」と呼ばれている産業政策は、米中の技術（世界最先端の産業技術力）覇権をめぐる対立を生んでいる。

●令和の日本と米国・中国

「米国 vs. ソ連」の冷戦時代においては、日本は、共産圏（ソ連、中国など）に対する米国の防波堤であった。令和時代には、「米国は日本の同盟国であり、中国は日本の隣国である」ということで済まされるのであろうか、「日本は中国に対する米国の防波堤である」ということになるのであろうか。

米国は、中国と覇権衝突しかねないので、そのための準備として、同盟関係を強化するために、日米同盟の「再定義」を行おうとしている。

3　平成の英国は親ＥＵ、令和の英国は反ＥＵ

●英国と欧州大陸

平成から令和に変わりつつある時代の経済大国ランキングは第1位アメリカ合衆国、第2位中国、第3位日本、第4位ドイツ、第5位イギリス、第6位フランスであり、欧州での経済大国ランキングは第1位ドイツ、第2位イギリス、第3位フランスである。英国が欧州大陸にかかわるときの歴史的戦略はつねにドイツとフランスの間に楔を打ち込むことであったが、平成5年（１９９３年）11月にＥＵ（欧州連合）が創設され、ドイツとフランスが一体化するようになると、英国は欧州大陸から距離を置こうとしている。

●親ＥＵのキャメロンvs.反ＥＵのジョンソン

若いときからの将来の首相候補であった2人のライバル「親ＥＵのデーヴィッド・キャメロン首相vs.反ＥＵのボリス・ジョンソン・ロンドン市長」の間での、キャメロンによるジョンソンたたき（私憤）が「わざわざ行う必要がなかった国民投票」を実施させてしまい、世界の経済・政治を不安定化させてしまった。

平成26年（２０１４年）5月の欧州議会議員選挙でＥＵ離脱を訴えた英国独立党（ＵＫＩ

Ｐ）の大躍進に動揺して、キャメロン首相は、「国民の声を聞く」というよりも、保守党内のジョンソンを中心とする反ＥＵ勢力を抑え込むための政局判断で、「わざわざ行う必要がなかった国民投票」を実施し、偶発的にＥＵに不利な事象が相次いだこともあって、ＥＵ離脱が選ばれた。

●平成の英国は親ＥＵ、令和の英国は反ＥＵ

平成28年（２０１６年）６月、英国は国民投票で欧州連合（ＥＵ）離脱を決定したが、離脱の手続きは離脱宣言から始まる。離脱宣言は平成29年（17年）３月に行われ、離脱（「合意あり離脱」）の合意期限は平成31年（19年）３月29日である。

ＥＵ（欧州連合）に対して、英国内では「親ＥＵ（都市、若年者）vs. 反ＥＵ（地方、高齢者）」の対立があるが、英国下院議員６５０名中、与党・保守党の大半と野党・労働党の合計５５０名近くは親ＥＵ、与党・保守党の一部１００名近くは反ＥＵである。英国議会で「ＥＵ残留 vs. ＥＵ離脱」の採決をとれば本音はＥＵ残留であるはずなのに、テリーザ・メイ首相ももとはＥＵ残留派であるはずなのに、メイ首相は「国民投票でＥＵ離脱が決まったのだから、それを遵守するのが政治家のつとめである」と思い込み、英国のＥＵ離脱を実現しようとしていた。

●令和は反EU：「保守党のジョンソンは親米・反EU vs. 労働党のコービンは親ロシア・反EU」

令和時代にメイ首相は退任した。ジョンソンが後継の首相になったが、総選挙になれば、次期首相候補は与党・保守党のボリス・ジョンソンと野党・労働党のジェレミー・コービンである。ジョンソンとコービンはともに反ＥＵであるが、ジョンソンは右派で親米国、コービンは左派で親ロシアである。ジョンソンが首相になれば、英国は反ＥＵ、親米国になり、コービンが首相になれば、英国は反ＥＵ、親ロシアになる。いずれにしても、英国は大陸欧州から離れるであろう。ジョンソンは右派ポピュリスト、コービンは左派ポピュリストである。ポピュリズム（大衆迎合主義）指導者は、第１に国際関係をゼロサムで見るため、国際間紛争のリスクを高める、第２に国民を引き付けるために、敵の存在を強調するであろう。

●英国はEUから離脱すればどうなるのか

英国は島国で固有のアインデンティティーを有し、米国、ロシア（ソ連）、中国と並ぶ「大国意識」で大陸欧州と外交を行い、大陸欧州諸国とは元来距離を置いている。

英国はイングランド、ウェールズ、スコットランド、北アイルランドから成る連合王国であり、「英国のＥＵ離脱の是非を問う国民投票」は連合王国全体でＥＵ離脱賛成、ＥＵ離脱反対（ＥＵ残留賛成）はほぼ半々であるが、イングランド、ウェールズはＥＵ離脱賛成、スコットランド、北アイルランドはＥＵ離脱反対（ＥＵ残留賛成）である。もし英国がＥＵから離脱することになれば、ＥＵに残留するために、スコットランドは連合王国から独立し、北アイルランドはアイルランドと統一するかもしれず、そうなれば連合王国は分解するであろう。

●英国はどうすればよいのか

英国の市民は「生活水準の伸び悩み」「社会の高齢化」「移民の流入」といった問題に直面し、現在の政治体制は機能していないとの不満を高めている。将来への悲観が広まれば、過激な政治指導者による変革（ポピュリズム政治）を求めがちであるが、ポピュリズム（大衆迎合主義）を生んだ原因は「グローバル化による不公平」であり、ポピュリズムを打ち負かすためには、第１にグローバル化が生活を改善するという明るい経済の見通しが不可欠であり、第２に税金逃れをする個人・企業を厳格に罰し、グローバル化の恩恵を公平に分配する必要がある。

4　平成はデータの自由流通、令和は米国・中国のデータ経済圏

●令和は「データの時代」

経済の動力源は、19世紀が蒸気、20世紀が石油、21世紀がデータであると言われ、平成から令和に変わりつつある時代（平成29年（２０１７年））、アジア太平洋地域のデータ量（ＩＰト

ラフィック）はネットを生み出した北米を上回っている。令和時代はデータの量とその分析能力が国や企業の力を左右する時代であり、デジタル家電（デジタル技術を用いた情報処理機能をもち、通信機能によるネットワークへの接続が可能な家電機器）は単にデータを使うだけでなく、ひたすら新たなデータを集めている。

膨大なデータを人口知能（ＡＩ）で分析することにより、消費行動などの予測精度を上げたり、研究開発の効率を高めたりすることができる。デジタル革命で既存の産業地図が大きく塗り替わる中で、日本の産業の新陳代謝が進んでいない。

●不可解の原因：平成の情報不足vs.令和のブラックボックス

プラットフォーマー（情報基盤産業）は、日本国内に拠点を設けず、インターネット上で大量の個人データを取り扱っている。フェイスブック・ドット・コムは「人の生活をのぞきたい、のぞかれたい」という人の欲望をうまく利用している。

データの増大は「何が起きているか」をこれまで以上に知ることができるが、「なぜ起きているか」をこれまでほど理解できなくなる。不可解の原因は、平成時代は情報不足、令和時代は情報過剰の中の因果関係不明である。

プラットフォーマー（情報基盤産業）に対して、日本は、平成時代は「規制なし」であったが、令和時代は「規制あり」である。ネットが経済・社会に浸透し、サイバーセキュリティーがより重要になっている。

●日本の個人情報保護法vs.ＧＤＰＲ：「使わせない権利」vs.「忘れられる権利」

日本の個人情報保護法には消去請求権があるが、それは情報が事実でなかったり、違法だったりする場合に限られている。ＥＵ（欧州連合）のＧＤＰＲ（一般データ保護規則：２０１８年5月施行）には、さらに合法的に取得されたデータでも、より幅広い理由での消去が求められている。

●平成はデータ資源は自由流通、令和は「米国主導のデータ経済圏vs.中国主導のデータ経済圏」

平成時代はモノ、カネ、ヒトが自由に行き交うことを目指し、さらにデータ資源が価値あるものであることが分かると、データ資源が自由に流通することを企図するようになった。

平成から令和に変わる時代に、データ資源が自由に行き交うネット空間に「国境」が引かれ始め、「米国主導のデータ経済圏vs.中国主導のデータ経済圏」に分立する懸念がある。２つのデータ経済圏の分立は、企業のデータ管理やネットサービスの分断を招き、重い対応コストは経済成長の足かせになり得る。

第8章　海外の経済・社会

1　平成は米国発のリーマン・ショック、令和は中国発の金融危機

●平成は米国発のリーマン・ショック

サブプライムローン問題は、平成19年（２００７年）7月の仏大手銀行傘下ファンドの経営破綻以降、ニュースで大きく取り上げられるようになった。サブプライム金融危機は、平成20年（08年）3月の米国第5位の投資銀行ベアー・スターンズの実質経営破綻までは水面下で進行し、ベアー・スターンズの実質経営破綻によりさざ波が立ち、同年9月の米国第4位の投資銀行リーマン・ブラザーズの経営破綻により荒波になった。以後は、水面は大荒れとなり、大波が陸地（実体経済）に繰り返し押し寄せてきている。まさに、グリーンスパン元ＦＲＢ議長の言う「百年に一度の津波」である。１９３０年代の大不況を20世紀の世界金融危機とすれば、サブプライム金融危機は21世紀の世界金融危機である。

サブプライム危機の根源はサブプライム住宅ローンの貸し倒れであり、サブプライム住宅

ローンの貸し倒れは５兆円程度にすぎないのに、大国である米国が、世界経済全体が恐慌状態に陥っている。理由は、サブプライムローン債権を組み込んだ金融商品が地下茎のように複雑に絡まり、リスクの波及が読めないからであり、その意味でサブプライム危機は不安が連鎖するまったく新しいタイプの金融危機であった。

● リーマン・ショックは何を生んだのか：新しい政治を受け入れる流れ

20世紀の金融危機（「世界恐慌」）は第２次世界大戦を生み、21世紀の金融危機（「リーマン・ショック」）は世界が古い政治を捨て、新しい政治を受け入れる流れを生んでいる。イアン・ブレマーは「世界中の有権者が（従来の政治家でない）別の人を探している。（中略）世界中が既知の政治を拒否し、新しいものを受け入れるというのは、単純な右や左へのシフトとは異なる。米のトランプ氏は右派の移民排斥主義者で、フランスのマクロン氏は中道派、メキシコのロペスオブラドール氏は左派といえる。」と述べている。

● 令和は中国発の金融危機

国際通貨基金（ＩＭＦ）の「金融安定性報告書」（２０１９年４月）は、「先進国・新興国の企業債務の膨張」（欧米先進国での低格付け企業の借金の増大）、「欧州の金融機関の南欧債の保有」、「中国の不良債権の増大」、「新興国からの資金流出」、「住宅価格の下落」といった５つのリスクを指摘し、金融システムの脆弱性が高まっていると指摘している。

日本のバブル崩壊による不良債権問題は日本の金融システムにとっては重要であったが世界の金融システムを揺るがすものでなかった。欧州のソブリン危機は欧州の金融システムにとっては重要であったが世界の金融システムを揺るがすものでなかった。

平成時代のリーマンショックは世界第１位の経済大国・米国のバブル崩壊であったので世界の金融システムを揺るがしたのであり、令和時代の世界第２位の経済大国・中国のバブル崩壊は必ずや世界の金融システムを揺るがすであろう。

２　昭和はドル、平成はドル・ユーロ、令和はドル・ユーロ・人民元

●昭和はドル

昭和55年（１９８０年）９月に米国イェール大学大学院に留学した。米国では、「民主党ジミー・カーター現職大統領の二期目vs.共和党ロナルド・レーガン大統領候補」の大統領選の最中であった。共和党は大統領候補がロナルド・レーガン、副大統領候補がジョージ・H・W・ブッシュ（父ブッシュ）であり、父ブッシュがイェール大学卒業生（野球部キャプテン）ということもあり、イェール大学の体育館に大統領選挙キャンペーンに来ていた。私ははじめ

ての秋学期中間試験の準備勉強で大統領選挙キャンペーンに行かなかったが、当時もすぐさま後悔し、今でも後悔している。

１９８０年11月の米国大統領選挙で共和党ロナルド・レーガンが勝利し、81年1月から「強いアメリカ、強いドル」政策がとられた。「強いアメリカ」はソビエト連邦に対する軍備拡張政策であり、軍備拡張政策は巨額の財政収支赤字を生んだ。「強いドル」は経済のファンダメンタルズの強化によって達成しようとしたが、第1にインフレ対策としての高金利政策、第2に財政赤字拡大による金利上昇により、高金利によるドル高を生んだ。経済のファンダメンタルズが強化されていれば、米国商品の高品質化によって輸出競争力は高まっていたであろうが、経済のファンダメンタルズが強化されないままでの、ドル高は高品質化されていない米国商品の価格を上昇させるだけで輸出競争力を低めてしまい、それは巨額の経常収支赤字を生んだ。巨額の財政収支赤字と巨額の経常収支赤字は「双子の赤字」と呼ばれるようになり、ドル高是正策が求められるようになった。

昭和60年（85年）９月22日、米国のニューヨーク市のプラザホテルで、先進5カ国（西ドイツ、フランス、米国、イギリス、日本）蔵相・中央銀行総裁会議が開かれ、「プラザ合意」と呼ばれるようになったドル高是正策（ドル安・円高政策）が決められた。ドル安の進行が著しかったので、反対に、87年2月22日、フランスのパリ市のルーブル宮殿で、先進7カ国（西ドイツ、フランス、米国、イギリス、日本、イタリア、カナダ）財務大臣・中央銀行総裁会議が開かれ、「ルーブル合意」と呼ばれるようになったドル安定化策（ドル高・円安政策）が決められた。しかし、各国の協調が十分でなかったため、ドル安を止めることはできなかった。

●平成はドル・ユーロ

平成時代は世界通貨ドルに対抗するものとして、欧州の単一通貨「ユーロ」が誕生した時代である。ユーロは、平成11年（１９９９年）1月1日に、ＥＵ（欧州連合加盟国）11カ国によって計算貨幣（決済用仮想通貨）として導入され、平成14年（２００２年）1月1日に現金通貨（紙幣・鋳貨）としての「ユーロ」が誕生し、この時、ユーロ圏では従来の国民通貨に代わり、ユーロが法定通貨となった。

ユーロは「欧州の単一通貨ユーロ」と呼ばれ、欧州中央銀行（ＥＣＢ）のドラギ総裁は平成30年（18年）12月、ユーロ誕生20年の記念講演で「単一通貨なしには単一市場の維持は不可能だっただろう」と述べているが、ＥＵ（欧州連合）のメンバーであるがユーロ圏でない国もあり、逆にユーロ圏であるがＥＵのメンバーでない国もある。ＥＵ（欧州連合）のメンバーであることに一長一短があり、ユーロ圏であることに一長一短がある。

ユーロ圏を構成する国々は、経済制度・経済状況が異なっているにもかかわらず、金融政策は一本化され、為替レートの変化による調整を行うことができない。ユーロ圏は「統合の深化 vs. 分裂」の途に絶えず直面している。

●令和はドル・ユーロ・人民元

平成時代に生まれたユーロは、ドルに代替するどころか、ドルに並ぶことさえ不確実になってきた。令和時代には、ドルと並ぶ「単一通貨」は誕生するのであろうか。１つの候補は中国の人民元であるが、中国が「一帯一路」政策のもと中国経済圏を構築しようとする中、中国経済圏が１つの巨大な経済圏になりうるか否かは中国がドル圏の中に留まっているのか、「人民元圏」を作れるのかに依存している。

●ユーロ（ドイツ・マルク）vs. 日本・円

米国の「双子の赤字」の下では、「プラザ合意」によるドル高是正策をとらなくても、ドル安をもたらしていたかもしれず、事実、「ルーブル合意」と呼ばれるようになったドル安定化策（ドル高・円安政策）がとられる中で、ドル安・円高が進行し、平成時代は円高の時代であった。

平成11年（１９９９年）１月１日に、ユーロが決済用仮想通貨として導入された。ドイツはマルクのままであれば、ドル安・円高に苦しんだ日本と同様に、ドル安・マルク高に苦しむことになるはずであったが、ドイツの国民通貨はマルクからユーロに変わり、日本とはまったく逆で、ドイツはドル高・ユーロ安を享受できた。

３　平成はＴＰＰ11、日欧ＥＰＡ（経済連携協定）、令和はＲＣＥＰ

●２国間ＦＴＡ、リージョン（地域間）ＦＴＡ、メガＦＴＡ

日本を取り巻くメガＦＴＡ（巨大自由貿易圏協定）にはＴＰＰ11（平成30年：２０１８年）、日欧ＥＰＡ（経済連携協定）（平成31年：19年）、ＲＣＥＰ（交渉中）がある。日本市場の開放は痛みを伴うが、その過程で構造改革が進む。

平成から令和に変わりつつある時代、世界全体に占めるＧＤＰ、貿易額の割合はＴＰＰ11は12・９％、14・９％、日欧ＥＰＡ（経済連携協定）は28・４％、36・８％、ＲＣＥＰは29・２％、29・０％であり、人口はＴＰＰ11は５億人、日欧ＥＰＡは６・４億人、ＲＣＥＰは34億人である。

●ＴＰＰ11

米国を除く環太平洋経済連携協定（ＴＰＰ）参加11カ国の新協定（ＴＰＰ11）が平成30年

（２０１８年）12月30日に発効した。巨大な自由貿易圏の誕生であり、広大な市場でモノ、サービス、投資の自由化を推進し、公正で透明な経済ルールを構築する。

ＴＰＰ11は日本を除く10カ国が最終的にはほぼすべての関税をなくす。日本は工業製品の１００％、農林水産品の82・３％の関税を最終的に撤廃する。

●日欧ＥＰＡ（経済連携協定）

日本と欧州連合（ＥＵ）の経済連携協定（ＥＰＡ）は平成31年（２０１９年）２月に発効した。日本は94％の品目で、ＥＵは99％の品目で、それぞれ関税を撤廃する。

●令和はＲＣＥＰ（東アジア地域包括的経済連携）

「東アジア地域包括的経済連携（ＲＣＥＰ）」は、東南アジア諸国連合加盟10カ国に、日本、中国、韓国、インド、オーストラリア、ニュージーランドの６カ国を含めた計16カ国でメガＦＴＡを進める構想である。

メガＦＴＡ（巨大自由貿易圏協定）は巨大自由貿易圏を作るためのルールであり、世界は、「米国を中心とする『環太平洋経済連携協定（ＴＰＰ）12』vs. 中国を中心とする『東アジア地域包括的経済連携（ＲＣＥＰ）』」の自由貿易ルール作りの競争を行っている。米国トランプ大統領は、「メガＦＴＡ」は大国・米国にとっては不利であり、「２国間ＦＴＡ」を結ぼうとしているが、日本は米国にふたたびＴＰＰ12に戻ってもらうことを期待している。

「米国を中心とする自由貿易ルール vs. 中国を中心とする自由貿易ルール」はたんに自由貿易ルールの選択ではなく、安全保障上の「米国 vs. 中国」の選択である。日本にとって、貿易上は米国と中国はほぼ同じ価値をもつ国であるが、安全保障上は「米国は味方、中国は敵」であるので、日本は、第１にＴＰＰ12（米国中心）、ＲＣＥＰ（中国中心）のいずれかの選択であれば、ＴＰＰ12（米国中心）を選び、第２にＴＰＰ12（米国中心）、ＲＣＥＰ（中国中心）をともに進めるのであれば、ＴＰＰ12をＲＣＥＰより早く締結し、第３にＲＣＥＰをＴＰＰ12（ＴＰＰ11）と同程度の自由貿易ルールにしようとしている。

4　平成のアジアは不安定地域、令和のアジアは成長地域

●アジア通貨危機

平成９年（１９９７年）７月、「アジア通貨危機」が勃発した。日本、台湾を除くアジア諸国のほとんどは米ドルと自国通貨の為替レートを固定する「ドルペッグ制」を採用し、それまではドル安・自国通貨高であったが、第１に、欧米諸国は高金利政策をとった、第２に、平成４年（92年）以降の中国の改革開放政策の推進により、東南アジアに展開していた日欧米系の

企業は中国への生産シフトを強めた、第３に、平成7年（95年）以降の米国は「強いドル政策」を採用し、ドル高はドルペッグ制の下でアジア通貨高をもたらし、それはアジア諸国の国際競争力を弱めた。これらに目をつけた欧米のヘッジファンドは、アジア諸国（タイ王国、マレーシア、インドネシア、フィリッピン、韓国など）の自国通貨が過大評価されているとみなし、過大評価された通貨に空売りを仕掛け、アジア各国の急激な通貨下落を生んだ。

●平成は中国の大躍進

中国は経済大国になりうるのか。中国は経済大国であったことがあるのか。中国の絶頂期は１６００年であり、中国は世界ＧＤＰの３分の１を占めていた。逆に中国のどん底期は１９６０年代初めであり、世界ＧＤＰの５％を割り込んだ。

中国は昭和53年（１９７８年）に、対内は改革、対外は開放ということで「改革開放」を始め、平成の始まりには経済小国であったが、平成の終わりには経済大国となっている。平成は中国が大躍進した時代である。

平成30年（２０１８年）12月18日、習近平・中国国家主席は「改革開放40周年記念大会」で、世界ＧＤＰに占める中国のシェアが２％未満から15％超に飛躍した40年間を「奇跡」と呼んでいる。

● 令和は中国経済の頭打ち

潜在成長率は人口、資本、全要素生産性の伸び率、労働分配率・資本分配率によって決まるが、中国の生産年齢人口は減少しつつあり、全要素生産性の伸び率はマイナスである。中国は、生産性の低い国有企業をさらに成長させるために、競争を抑制し、推進してきた改革を逆転させ始めている。

● 中国は平成は教えられる国、令和は教える国

中国は平成時代、日欧米に教えられ、経済小国から経済大国になった。平成から令和に変わりつつある時代の中で、中国は「一帯一路」と呼ぶ広域経済圏構想を提唱し、令和時代、中国は「一帯一路」で「教える国」になろうとしている。

5　平成は地球温暖化、令和は地球温暖化防止：先進国 vs. 開発途上国

● 地球温暖化防止京都会議（COP3）：先進国 vs. 開発途上国

平成９年（１９９７年）12月、京都市で第３回気候変動枠組条約締約国会議（地球温暖化防止京都会議：ＣＯＰ３）を開き、「気候変動に関する国際連合枠組条約の京都議定書」を採択した。地球温暖化の原因となる、温室効果ガス６種（二酸化炭素など）について90年を基準と

して削減目標率を決めたが、先進国は、地球全体の問題であるから、開発途上国も削減すべきであると主張し、開発途上国は、地球温暖化は先進国のこれまでの温室効果ガス排出が原因であるので、先進国のみが削減すべきであると主張し、結局、先進国（および積極的に参加した諸国）のみが削減することになった。開発途上国の自発的参加がない京都議定書は機能しないという理由で、世界第２位の温室効果ガス排出国である米国は批准しなかった。

● 平成はパリ協定発効、令和はパリ協定実施

平成27年（２０１５年）12月、第21回気候変動枠組条約締約国会議（ＣＯＰ21）がパリで開催され、「パリ協定」が採択された。平成28年（16年）11月、「パリ協定」が発効した。「パリ協定」は、「先進国 vs. 開発途上国」の対立を克服した、気候変動枠組条約に加盟する全１９６カ国が参加する枠組みであり、令和時代の令和２年（20年）以降の地球温暖化対策を定めている。

● 平成は太陽光発電、令和は海上風力発電

日本の電力消費量は世界第４位である。平成時代の日本の再生エネルギーは「太陽光発電」が中心であったが、太陽光発電は天候によって発電量が不安定である。

政府は令和12年（２０３０年）に再生可能エネルギーを電源構成比22～24％にすることを目指している。令和時代の日本の再生エネルギーの中心は「風力発電」であり、太陽光発電に比べて発電量が安定している。「陸上風力発電」は騒音問題があり、設置できる地域が限られているが、「洋上風力発電」は、第１に日本は海に囲まれている、第２に居住地から離れたところに設置可能で大型の風車で大規模な開発ができる。しかし、第１に海域の利用ルールが未整備である、第２に水深が深く、着床式を設置できるのは千葉県や秋田県の沖であることもあって、平成時代には洋上風力発電はほとんどないが、令和時代の日本の再生エネルギーの中心は「海上風力発電」であろう。

平成時代 vs. 令和時代

	平成時代	令和時代
マクロ経済	バブル	スーパー・バブル
	金融緩和	金融正常化
	消費税は3、5、8%	消費税は10%から16%へ
	子・孫世代の高負担	現在世代の高負担
	財政悪化	財政再建
	フリーライダー（ただ乗り）	誰もが負担者
	ハード・インフラの輸出	ソフト・インフラの輸出
	製造業は国外移転	製造業は国内回帰
	賃金引き上げによる脱デフレ	需要増大による脱デフレ
	デフレ	脱デフレ（インフレ）
	人手不足	人手余り
	低い潜在成長率	高い潜在成長率

ミクロ経済	デジタル技術 クローズド・イノベーション 系列ネットワーク デジュール標準型・デファクト標準型 インテグラル型 現場のモノ作り Ｍ＆Ａによる規模拡大 過剰負債による倒産 目に見える資産（有形資産） メガバンク再編 人の金融取引 企業不祥事	デジタル技術によるモノ・サービス オープン・イノベーション オープンネットワーク コンセンサス標準型 モジュラー型 現場のモノ作りと本社の企画 データ活用による事業構造の作り替え 技術の創造的破壊による倒産 目に見えぬ資産（無形資産） フィンテック（金融とＩＴの融合） ロボットの金融取引 続・企業不祥事
政　治	英米のアングロサクソン型資本主義vs.日独のライン型資本主義 右派vs.左派	米国の民主資本主義vs.中国の国家資本主義 保守派vs.革新派

	政権交代	安全保障重視 vs. 経済重視
	政権交代可能な二大政党	政策実行力の高い巨大与党 vs. 政策実行力の低い弱小野党
	右派 vs. 左派	経済重視 vs. 安全保障重視
	中道右派 vs. 中道左派	右派ポピュリズム vs. 左派ポピュリズム
	有権者団体	2つの「中抜き政治」
	テレビ政治	ＡＩ政治
	無責任	責任
	無作為	作為
社会	阪神淡路大震災・東日本大震災	南海トラフ地震・首都直下地震
	少子化	少子高齢化
	平均寿命	健康寿命
	東京一極集中	東京・愛知・大阪
	新幹線（東京）	リニア新幹線（東京・愛知・大阪）
	長野冬季オリンピック	東京オリンピック・パラリンピック
	愛知万博	大阪・関西万博
	文型・理系	文理融合

はやぶさ	はやぶさ2
専門家	アルゴリズム
経済・政治	
郵政民営化	郵政完全民営化 vs. 郵政公社化
無党派	シルバー世代
行政ミス	続・行政ミス
謝罪外交	世界平和への貢献
日本・韓国は同盟国	日本・韓国は敵対国
ディフェンス	アクティブ・ディフェンス
核兵器廃絶への願い	核兵器開発競争
経済・社会	
ビッグデータまで	ＩｏＴ、ＡＩ
機械が人に従い	人が機械に従い
２Ｇ～４Ｇ	５Ｇ
通信サービス	総合的なデジタルサービス
百貨店・スーパー・コンビニ	電子商取引
リアル店舗販売	電子商取引（ネット販売）

平成時代 vs. 令和時代

平成時代	令和時代
消費者保護	消費者主権
売り切り	脱・売り切り
男性雇用	「高齢者＋女性＋外国人」雇用
継続雇用	年齢差別禁止
男性労働者	女性労働者
株主（資本家）重視	従業員（労働者）重視
モノとカネ重視	ヒトと情報（データ）重視
経営者報酬は序列処遇型	経営者報酬は誘因型
内部経営者	内部経営者 vs. 外部経営者
海外の経済・政治	
米国の覇権	米国・中国間の覇権争い
英国は親ＥＵ	英国は反ＥＵ
データの自由流通	米国主導のデータ経済圏 vs. 中国主導のデータ経済圏
情報不足	ブラックボックス
海外の経済・社会	
米国発のリーマン・ショック	中国発の金融危機

ドル・ユーロ
TPP11、日欧EPA
アジアは不安定地域
中国の大躍進
中国は教えられる国
地球温暖化
パリ協定発効
太陽光発電

ドル・ユーロ・人民元
TPP12、RCEP
アジアは成長地域
中国経済の頭打ち
中国は教える国
地球温暖化防止
パリ協定実施
海上風力発電

年表（平成元年～令和35年）

E1＝マクロ経済（第1章）、E2＝ミクロ経済（第2章）、P＝政治（第3章）、S＝社会（第4章）、EP＝経済・政治（第5章）、ES＝経済・社会（第6章）、EP＊＝海外の経済・政治（第7章）、ES＊＝海外の経済・社会（第8章）

平成元年（89年）3月　世界をインターネットでつなぐウェブの概念提唱（ES）
平成元年（89年）4月　消費税率3％を導入（E1）
平成元年（89年）6月　リクルート事件で竹下登内閣総辞職（P）
平成元年（89年）7月　日米構造協議（E1）
平成元年（89年）10月　三菱地所によるロックフェラーセンター買収（E1）
平成元年（89年）11月　ベルリンの壁の崩壊（P）
平成元年（89年）11月　日本労働組合総連合会（連合）の発足（P）
平成元年（89年）11月　ソニーによるコロンビア・ピクチャーズ買収（E1）
平成元年（89年）12月　米ソ首脳会議の冷戦終結宣言（P）
平成元年（89年）12月　日経平均株価3万8915円最高値（E1）
平成元年（89年）　合計特殊出生率1・57ショック（少子化ショック）（S）
平成元年（89年）　世界競争力ランキングで日本は総合第1位（E2）

平成2年（90年）10月　東西両ドイツの統一（P）
平成3年（91年）4月　牛肉・オレンジの輸入自由化（E1）
平成3年（91年）5月　育児休業法（現在の育児・介護休業法）制定（S）
平成3年（91年）6月　雲仙普賢岳で大火砕流発生（S）
平成3年（91年）10月　証券不祥事で橋本龍太郎蔵相引責辞任（P）
平成3年（91年）12月　ソビエト連邦の崩壊（P）
平成4年（92年）1月　「改正大店法」施行（ES）
平成4年（92年）　「のぞみ」2時間30分（S）
平成5年（93年）3月　東京佐川急便事件によって金丸信逮捕（P）
平成5年（93年）7月　衆議院総選挙で自民党の議席数過半数割れ（P）
平成5年（93年）8月　非自民政権・細川護熙内閣の誕生（「55年体制」崩壊）（P）
平成5年（93年）11月　EU（欧州連合）創設（EP*）
平成6年（94年）1月　「政治改革四法」成立（P）
平成6年（94年）12月　大江健三郎・ノーベル文学賞（S）
平成7年（95年）1月　兵庫県南部地震（阪神淡路大震災）（S）
平成7年（95年）1月　住宅金融専門会社問題（E1）
平成7年（95年）3月　「オウム真理教」による「地下鉄サリン事件」（S）
平成7年（95年）7月　大和銀行ニューヨーク支店巨額損失事件（E2）

平成7年（95年）8月　村山談話（ＥＰ）
平成8年（96年）2月　薬害エイズ事件で菅直人・厚生大臣謝罪（ＥＰ）
平成8年（96年）4月　三菱銀行と東京銀行の合併（東京三菱銀行）（Ｅ２）
平成8年（96年）10月　小選挙区比例代表並立制度下はじめての衆議院総選挙（Ｐ）
平成9年（97年）4月　消費税率を３％から５％へ引き上げ（Ｅ１）
平成9年（97年）5月　第一勧業銀行の総会屋利益供与事件（Ｅ２）
平成9年（97年）7月　「アジア通貨危機」勃発（ＥＳ＊）
平成9年（97年）11月　北海道拓殖銀行、山一証券、三洋証券の経営破綻（Ｅ１）
平成9年（97年）12月　介護保険法成立（ＥＰ）
平成9年（97年）12月　地球温暖化防止京都会議（ＣＯＰ３）（ＥＳ＊）
平成10年（98年）1～3月　大蔵省・日本銀行の接待汚職事件（ＥＰ）
平成10年（98年）2月　長野冬季オリンピック開催（Ｓ）
平成10年（98年）4月　民主党結成（Ｐ）
平成10年（98年）5月　「改正都市計画法」制定（ＥＳ）
平成10年（98年）6月　金融監督庁設置（ＥＰ）
平成10年（98年）6月　「中心市街地活性化法（中活法）」制定（ＥＳ）
平成10年（98年）6月　「大店立地法」制定（ＥＳ）

平成10年（98年）7月　橋本龍太郎首相から小渕恵三首相へ（E1）
平成10年（98年）10月　日本長期信用銀行の経営破綻（E1）
平成10年（98年）12月　日本債券信用銀行の経営破綻（E1）
平成11年（99年）1月　計算貨幣としてのユーロ誕生（ES＊）
平成11年（99年）1月　自民党・自由党の連立政権誕生（P）
平成11年（99年）8月　第一勧業銀行、富士銀行、日本興業銀行の経営統合（みずほホールディングス）（E2）
平成11年（99年）10月　自民党・自由党・公明党の連立政権誕生（P）
平成11年（99年）12月　少子化対策推進基本方針（S）
平成12年（00年）4月　介護保険制度開始（E1）
平成12年（00年）7月　金融監督庁は金融庁に改組（EP）
平成12年（00年）7月　九州・沖縄サミット（EP）
平成12年（00年）12月　白川英樹・ノーベル化学賞（S）
平成13年（01年）1月　中央省庁再編で1府12省庁体制（EP）
平成13年（01年）4月　三和銀行、東海銀行、東洋信託銀行の経営統合（UFJ銀行）（E2）
平成13年（01年）4月　住友銀行とさくら銀行の直接合併（三井住友銀行）（E2）
平成13年（01年）4月　自民党・公明党・保守党による小泉純一郎・連立政権誕生（EP）
平成13年（01年）9月　待機児童ゼロ作戦実施（S）

平成13年（01年）12月　中国のＷＴＯ（世界貿易機関）加盟（Ｅ1）
平成13年（01年）12月　野依良治・ノーベル化学賞（Ｓ）
平成14年（02年）1月　現金通貨としてのユーロ誕生（ＥＳ＊）
平成14年（02年）9月　川崎製鉄と日本鋼管（ＮＫＫ）の経営統合（ＪＦＥホールディングス）（Ｅ2）
平成14年（02年）12月　小柴昌俊・ノーベル物理学賞（Ｓ）
平成14年（02年）12月　田中耕一・ノーベル化学賞（Ｓ）
平成15年（03年）5月　探査機「はやぶさ」打ち上げ（Ｓ）
平成16年（04年）6月　年金改革法（「100年安心プラン」）成立（ＥＰ）
平成16年（04年）10月　新潟県中越地震（Ｓ）
平成17年（05年）3月　愛知万博（Ｓ）
平成17年（05年）4月　ＪＲ西日本の福知山線列車脱線事故（Ｅ2）
平成17年（05年）4月　カネボウ巨額粉飾事件（Ｅ2）
平成17年（05年）8月　郵政解散（ＥＰ）
平成17年（05年）8月　小泉談話（ＥＰ）
平成18年（06年）1月　三菱東京ＵＦＪ銀行の発足（Ｅ2）
平成18年（06年）1月　ライブドアの堀江貴文社長逮捕（Ｅ2）
平成18年（06年）6月　村上ファンドの村上世彰代表逮捕（Ｅ2）

平成18年（06年）9月　第1次安倍晋三内閣誕生（P）
平成19年（07年）2月　「宙に浮いた年金記録」問題（EP）
平成19年（07年）3月　大丸と松坂屋ホールディングスの経営統合（「J・フロントリテイリング」）（ES）
平成19年（07年）9月　民主党・社民党・国民新党の連立政権（P）
平成19年（07年）10月　日本郵政グループ発足（郵政民営化）（EP）
平成20年（08年）3月　ベアー・スターンズの実質経営破綻（ES＊）
平成20年（08年）4月　後期高齢者医療制度の発足（E1）
平成20年（08年）9月　リーマン・ブラザーズの経営破綻（リーマン・ショック）（ES＊）
平成20年（08年）10月　「阪急百貨店」は「阪神百貨店」を吸収合併（「阪急阪神百貨店」）（ES）
平成20年（08年）12月　小林誠・益川敏英・南部陽一郎・ノーベル物理学賞（S）
平成20年（08年）12月　下村脩・ノーベル化学賞（S）
平成22年（10年）1月　日本航空の経営破綻（E2）
平成22年（10年）3月　「平成の大合併」終了（S）
平成22年（10年）12月　根岸英一・鈴木章・ノーベル化学賞（S）
平成23年（11年）3月　東北地方太平洋沖地震（東日本大震災）（S）
平成23年（11年）11月　オリンパスの「飛ばし（損失計上先送り）」事件（E2）

平成24年（12年）1月　「社会保障・税の一体改革」（ＥＰ）
平成24年（12年）6月　民主党・自民党・公明党による「社会保障と税の一体改革に関する合意」（Ｅ１）
平成24年（12年）10月　新日本製鐵は住友金属工業を吸収合併（新日鐵住金）（Ｅ２）
平成24年（12年）10月　日本郵政グループは5社体制から4社体制へ再編（ＥＰ）
平成24年（12年）12月　第２次安倍晋三内閣誕生（Ｐ）
平成24年（12年）12月　山中伸弥・ノーベル生理学・医学賞（Ｓ）
平成25年（13年）3月　黒田東彦・日本銀行総裁の異次元金融緩和政策（Ｅ１）
平成26年（14年）4月　消費税率を５％から８％へ引き上げ（Ｅ１）
平成26年（14年）7月　ＳＴＡＰ細胞関連論文の撤回（Ｓ）
平成26年（14年）9月　御嶽山噴火（Ｓ）
平成26年（14年）12月　探査機「はやぶさ２」打ち上げ（Ｓ）
平成26年（14年）12月　赤崎勇、天野浩、中村修二・ノーベル物理学賞（Ｓ）
平成27年（15年）4月　東芝の不正会計問題（Ｅ２）
平成27年（15年）5月　改正会社法施行（Ｅ２）
平成27年（15年）6月　コーポレートガバナンス・コードの適用（Ｅ２）
平成27年（15年）8月　安倍談話（ＥＰ）
平成27年（15年）12月　梶田隆章・ノーベル物理学賞（Ｓ）

平成27年（15年）12月　大村智・ノーベル生理学・医学賞（S）
平成27年（15年）12月　「パリ協定」（ES＊）
平成28年（16年）2月　シャープは鴻海（ホンハイ）によって買収（E2）
平成28年（16年）4月　熊本地震（S）
平成28年（16年）6月　英国は国民投票でEU離脱を決定（EP＊）
平成28年（16年）7月　改憲勢力で2／3以上を衆参両院で獲得（P）
平成28年（16年）9月　長短金利操作付き量的質的金融緩和政策（E1）
平成28年（16年）12月　大隅良典・ノーベル生理学・医学賞（S）
平成29年（17年）1月　トランプ・アメリカ合衆国大統領就任（EP＊）
平成29年（17年）7月　九州北部で集中豪雨（S）
平成29年（17年）12月　カズオ・イシグロ・ノーベル文学賞（S）
平成30年（18年）1月　全世代型社会保障の提唱（EP）
平成30年（18年）3月　中国・全国人民代表大会で国家主席の任期廃止（EP＊）
平成30年（18年）5月　EUのGDPR（一般データ保護規則）施行（EP＊）
平成30年（18年）7月　西日本豪雨（S）
平成30年（18年）9月　北海道胆振東部地震（S）
平成30年（18年）10月　米国ペンス副大統領の「民主化しない中国」に対する「怒り」（EP＊）
平成30年（18年）11月　カルロス・ゴーン日産自動車会長逮捕（E2）

平成30年（18年）12月　TPP11発効（ES＊）
平成30年（18年）12月　本庶佑・ノーベル生理学・医学賞（S）
平成30年（18年）　世界競争力ランキングで日本は総合第25位（E2）
平成31年（19年）2月　日本と欧州連合（EU）のEPA発効（ES＊）
平成31年（19年）4月　「改正出入国管理法」施行（ES）
平成31年（19年）4月　「5G」サービスの商用化（ES）
令和元年（19年）6月　G20大阪サミット（E1）
令和元年（19年）10月　消費税率を8％から10％へ引き上げ（E1）
令和元年（19年）　「Maas（マース）」元年（E2）
令和元年（19年）　「第5世代（5G）元年」（ES）
令和2年（20年）7月　東京オリンピック・パラリンピック開催（S）
令和2年（20年）　携帯4社が5Gの商用サービス開始（ES）
令和4年（22年）　団塊の世代が後期高齢者（75歳以上）になり始める（S）
令和4年（22年）　北陸新幹線金沢・敦賀間、九州新幹線長崎・武雄温泉間開通
令和5年（23年）　黒田東彦・日本銀行総裁の任期満了（E）
令和6年（24年）　1万円、5千円、千円の新紙幣流通
令和7年（25年）5月　大阪・関西万博（S）

令和7年（25年）　国・地方を合わせた基礎的財政収支の黒字化（E）
令和7年（25年）　キャッシュレス決済比率を40％に
令和9年（27年）　「東京（品川）－名古屋」のリニア中央新幹線開業（S）
令和12年（30年）　再生可能エネルギーを電源構成比22〜24％に（ES＊）
令和15年（33年）　TPP発効国からの輸入牛肉の関税率（38・5％から引き下げ）は9・0％へ
令和18年（36年）　3人に1人が65歳以上（S）
令和19年（37年）　「名古屋－大阪（新大阪）」のリニア中央新幹線開業（S）
令和22年（40年）　75歳以上の世帯が25％
令和24年（42年）　65歳以上が3935万人でピーク（S）
令和27年（45年）　「シンギュラリティ」（E1）
令和31年（49年）　中国の建国100周年
令和32年（50年）　中国が社会主義現代化強国を全面的に完成
令和33年（51年）　東京電力福島第1原子力発電所の廃炉完了
令和35年（53年）　総人口1億人割れ

参考文献

アイリーン・ドナヒュー「デジタル秩序　市民の価値観を」（グローバルオピニオン）『日本経済新聞』２０１９年2月8日。

イアン・ブレマー「既存の政治を拒む世界」（グローバルオピニオン）『日本経済新聞』２０１８年9月14日。

池内恵「影響復活揺らぐ自由主義」（「経済教室」宗教と国際政治㊦）『日本経済新聞』２０１９年2月8日。

伊藤邦雄「役員報酬、『序列』から『誘因』型へ」（企業統治、何が足りないのか㊤）『日本経済新聞』２０１９年1月17日。

猪木武徳「『知性の断片化』の危機回避を」（「経済教室」平成の終わりに①）『日本経済新聞』２０１９年1月4日。

岩本誠吾「ＡＩ兵器をどう規制するか　国際枠組み内で漸進的に」（Ａｎａｌｙｓｉｓ）『日本経済新聞』２０１９年4月19日。

上杉素直「異形の予算も素通りか」（Ｏｐｉｎｉｏｎ）『日本経済新聞』２０１９年1月30日。

上杉素直「インフラ輸出の原発の先は」（Ｏｐｉｎｉｏｎ）『日本経済新聞』２０１９年2月15日。

浦田秀次郎「成功事例、中小に示せ」（Ｏｐｉｎｉｏｎ）『日本経済新聞』２０１９年1月29日。

英『エコノミスト』編集部土方奈美訳『2050年の技術　英『エコノミスト』誌は予測する』2017年4月。

エリック・バーグロフ「中国から学ぶ準備あるか」(グローバルオピニオン)『日本経済新聞』2019年1月11日。

大林尚「平成財政の失敗史に思う」(Opinion)『日本経済新聞』2018年12月31日。

大林尚「学歴に日本分断のリスク」(核心)『日本経済新聞』2019年2月4日。

岡崎哲二「資源配分の不備、効果減退」(イノベーションに必要なもの㊤)(「経済教室」)『日本経済新聞』2019年2月5日。

梶原誠「買収先の統治　経営を左右」(コメンテーターが読む　2019)『日本経済新聞』2019年1月4日。

梶原誠「マネー引き潮　攻めこそ解」(Opinion)『日本経済新聞』2019年1月11日。

梶原誠「『超々バブル』はね返す使命」(Opinion)『日本経済新聞』2019年2月1日。

神林龍「政策立案と遂行の分化映す」(「経済教室」毎勤統計　不適切調査の背景)『日本経済新聞』2019年1月28日。

ギデオン・ラックマン「メイ英首相　辞任でも大混乱」(Opinion)『日本経済新聞』2019年4月12日。

清滝信宏「リーマン後10年、次の危機は」(時論)『日本経済新聞』2018年8月14日。

西條都夫「平成の『敗北』なぜ起きた」(Opinion)『日本経済新聞』2019年4月22日。

坂井光「プーチン神話が終わるとき」(Opinion)『日本経済新聞』2019年1月24日。

島澤諭「財政運営　大衆迎合避けよ（「経済教室」100兆円予算を問う㊦）」『日本経済新聞』2019年1月23日。

ジャック・アタリ「技術は世界を分断しない」（人類は　企業は　国家は）『日本経済新聞』2019年1月1日。

ジャナン・ガネシュ「露呈した大衆迎合の脆さ」（Opinion）『日本経済新聞』2019年2月4日。

ジョン・ソーンヒル「『監視資本主義』の衝撃」（Opinion）『日本経済新聞』2019年2月14日。

芹川洋一「2019年の時間旅行」（核心）『日本経済新聞』2019年1月7日。

芹川洋一「AI政治がやって来る」（Opinion）『日本経済新聞』2019年2月11日。

高橋信弘「内外資源結合　変革の機会に」（「Analysis」グローバル化の功罪㊥）『日本経済新聞』2019年4月25日。

滝澤美帆「産業・企業間で格差大きく」（「経済教室」低い日本の労働生産性㊦）『日本経済新聞』2019年3月6日。

田中明彦「米中『新冷戦』への備え急げ」（「経済教室」平成の終わりに③）『日本経済新聞』2019年1月8日。

田中直毅「ポピュリズム回避瀬戸際に」（「経済教室」平成の終わりに②）『日本経済新聞』2019年1月7日。

谷隆徳「リニアが変える国土構造」（中外時評）『日本経済新聞』2019年1月17日。

鶴光太郎「『70歳雇用』に定年制の壁」『日本経済新聞』2019年1月16日。

出口英一「共鳴招く創造の場設けよ」（「経済教室」イノベーションに必要なもの㊦）『日本経済新聞』

２０１９年２月６日。

中山淳史「ＧＡＦＡに負けぬ稼ぎ方」（Ｏｐｉｎｉｏｎ）『日本経済新聞』２０１９年１月25日。

中山淳史「重すぎる日本のＩｏＴ」（Ｏｐｉｎｉｏｎ）『日本経済新聞』２０１９年４月23日。

中村二朗「現金給付で従事者抑制を」（「経済教室」介護危機乗り越えられるか）『日本経済新聞』２０１９年２月４日。

中山俊宏「米、左右から既存制度　攻撃（「経済教室」ポピュリズムに揺れる世界㊥）」『日本経済新聞』２０１９年１月30日。

ニコラス・ベネシュ「経営人材育つ人事・評価を」（企業統治、何が足りないのか㊥）『日本経済新聞』２０１９年１月18日。

日本経済新聞「投資は設備から人へ」（モネータ　女神の警告　未来への問い③）『日本経済新聞』２０１８年12月27日。

日本経済新聞「お金は不滅の存在なのか」（モネータ　女神の警告　未来への問い④）『日本経済新聞』２０１８年12月28日。

日本経済新聞「平成の30年　陶酔のさきに」『日本経済新聞』２０１８年12月31日。

日本経済新聞「崩れる『勤勉は善』」（「Ｔｅｃｈ２０５０　新幸福論」３）２０１９年１月４日。

日本経済新聞「デジタルで距離ゼロ」（「Ｔｅｃｈ２０５０　新幸福論」５）２０１９年１月６日。

日本経済新聞「多様な人がいきいきと暮らす国へ（平成の次へ）」（社説）２０１９年１月６日。

日本経済新聞「ダボス会議を陰らす反グローバル主義」（社説）２０１９年１月27日。

日本経済新聞「40億人　革新の先頭に」（「アジアが超える」①）『日本経済新聞』２０１９年１月28日。

原田亮介「世論と『データの世紀』」（核心）『日本経済新聞』２０１９年1月28日。

ビル・エモット「『嘆かわしい20年』に決別を」（「経済教室」平成の終わりに⑥）『日本経済新聞』２０１９年1月11日。

ビル・エモット「安全保障面では不可分」（「Ｏｐｉｎｉｏｎ」英国は欧州か）『日本経済新聞』２０１９年4月18日。

藤田由紀子「専門性向上へ評価明確に」（「経済教室」公務員制度改革の視点）『日本経済新聞』２０１９年2月1日。

藤本隆宏「製造業、苦闘の先に勝機も」（「経済教室」平成の終わりに④）『日本経済新聞』２０１９年1月9日。

ヘルマン・ファンロンパイ「もともと距離はあった」（「Ｏｐｉｎｉｏｎ」英国は欧州か）『日本経済新聞』２０１９年4月18日。

ポール・コリア「資本主義の欠陥　修復を」（混沌を読む②）『日本経済新聞』２０１８年12月27日。

マイケル・オズボーン「未来の競争力　人が決める」（人類は　企業は　国家は）『日本経済新聞』２０１９年1月1日。

マーティン・ウルフ「中国、世界一になれぬ理由」（Ｏｐｉｎｉｏｎ）『日本経済新聞』２０１９年1月7日。

マーティン・ウルフ「権威主義に陥らぬために」（Ｏｐｉｎｉｏｎ）『日本経済新聞』２０１９年1月28日。

マーティン・ウルフ「ユーロ20歳『成長』続くか」（Ｏｐｉｎｉｏｎ）『日本経済新聞』２０１９年1月21日。

松本左保「米中摩擦　弾圧問題が火種」（「経済教室」宗教と国際政治㊤）『日本経済新聞』２０１９年２月７日。

水島治郎「無組織層、『中抜き政治』導く」（「経済教室」ポピュリズムに揺れる世界㊦）」『日本経済新聞』２０１９年1月31日。

水野裕司「外国人との共生、道遠し」（Ｏｐｉｎｉｏｎ）『日本経済新聞』２０１８年12月27日。

向山敏彦「雇用と企業の流動性重要」（「経済教室」成長の源泉はどこに㊥）『日本経済新聞』２０１９年４月２日。

八代尚宏「社会保障、借金依存脱却を（「経済教室」１００兆円予算を問う㊤）」『日本経済新聞』２０１９年1月22日。

吉川洋「不平等・格差是正が大前提」（「経済教室」資本主義の未来③）『日本経済新聞』２０１８年８月８日。

吉川洋「新しいモノ・サービスが主導」（「経済教室」成長の源泉はどこに㊤）『日本経済新聞』２０１９年４月１日。

著者紹介

滝川　好夫（たきがわ　よしお）

1953年　兵庫県に生まれる。
1978年　神戸大学大学院経済学研究科博士前期課程修了。
1980～82年　アメリカ合衆国エール大学大学院。
1993～94年　カナダブリティッシュ・コロンビア大学客員研究員。
現　在　関西外国語大学英語キャリア学部教授・放送大学客員教授・
　　　神戸大学名誉教授。博士（経済学）。

〔主な著書〕
『現代金融経済論の基本問題－貨幣・信用の作用と銀行の役割－』勁草書房，1997年７月。『金融マン＆ウーマンのための　金融・経済のよくわかるブック』税務経理協会，2001年１月。『金融に強くなる日経新聞の読み方』PHP研究所，2001年７月。『経済記事の要点がスラスラ読める「経済図表・用語」早わかり』PHP文庫，2002年12月。『ケインズなら日本経済をどう再生する』税務経理協会，2003年６月。『あえて「郵政民営化」に反対する』日本評論社，2004年３月。『ファイナンス理論【入門】』PHP研究所，2005年７月。『自己責任時代のマネー学入門』日本評論社，2005年９月。『郵政民営化の金融社会学』日本評論社，2006年１月。『リレーションシップ・バンキングの経済分析』税務経理協会，2007年２月。『どうなる「ゆうちょ銀行」「かんぽ生保」－日本郵政グループのゆくえ』日本評論社，2007年９月。『資本主義はどこへ行くのか　新しい経済学の提唱』PHP研究所，2009年２月。『サブプライム危機　市場と政府はなぜ誤ったのか』ミネルヴァ書房，2010年10月。『図解雑学　ケインズ経済学』ナツメ社，2010年11月。『図でやさしく読み解く　ケインズ『貨幣改革論』『貨幣論』『一般理論』』泉文堂，2010年12月。『サブプライム金融危機のメカニズム』千倉書房，2011年３月。『企業組織とコーポレート・ファイナンス』ミネルヴァ書房，2011年３月。『信用金庫のアイデンティティと役割』千倉書房，2014年４月。『マンガでわかる統計学入門』新星出版社，2015年１月。『アベノミクスと道徳経済』（神戸大学経済経営研究所研究叢書75），2015年３月。

著者との契約により検印省略

令和２年１月25日　初版第１刷発行

平成から令和へ
どうなる経済・政治・社会

著　者　滝　川　好　夫
発行者　大　坪　克　行
製版所　税経印刷株式会社
印刷所　有限会社　山吹印刷所
製本所　株式会社　三森製本所

発行所　〒161-0033 東京都新宿区下落合２丁目５番13号　株式会社　税務経理協会
振　替　00190-2-187408　電話（03）3953-3301（編集部）
ＦＡＸ（03）3565-3391　（03）3953-3325（営業部）
URL　http://www.zeikei.co.jp/
乱丁・落丁の場合は，お取替えいたします。

ISBN978-4-419-06677-2 C3033